Deutsch

5./6. Klasse

Deutsch Grammatik

Wortarten

Deutsch

5./6. Klasse

Martina Frank

Deutsch Grammatik

Wortarten

I N H A L T

Barth
Dreier Looping
München
R. Barth u. Sohn

1

BESUCH VOM PLANETEN GRAMMATIKA

Die Einleitung

MacCool und Bina begegnen sich.

Eines Abends ging MacCool im Park spazieren, als er plötzlich drei merkwürdige runde Lichter über sich sah. Lautlos schwebten sie über ihn hinweg. Da erkannte er, dass es sich um eine Art Flugkörper handeln musste. Das Gefährt landete schließlich auf der großen Wiese des Parks. Das Türchen der Ausstiegsluke öffnete sich, eine kleine Leiter fuhr bis auf den Erdboden aus und eine kleine Gestalt kletterte aus dem Gefährt. MacCool hatte noch niemals solch ein Wesen gesehen.

Aber während er noch so dastand und sich wunderte, kam es schon direkt auf ihn zugelaufen. Er überlegte, ob es nicht besser wäre möglichst schnell wegzulaufen, aber das Wesen machte gar keinen Furcht erregenden Eindruck, im Gegenteil, er fand es sogar ausgesprochen niedlich. Außerdem war er ziemlich neugierig, was es von ihm wollte. Da fing es an zu sprechen:

Bina kommt vom Planeten Grammatika.

Bina: Einen schönen guten Abend wünsche ich. Ich bin Bina vom Planeten Grammatika. Bitte schön, ich hätte eine sehr wichtige Frage: Ist das hier vielleicht der Planet Erde?

MacCool: Hallo und herzlich willkommen! Ich bin MacCool. Ja, das ist die Erde. Du kommst also wirklich von einem anderen Planeten? Das ist total phänomenal. Du musst nämlich wissen, ich habe noch niemals ein Wesen von einem anderen Stern gesehen.

Die Weite des Alls: Hier ist Binas Heimat

Bina: Nun ja, wenn ich ehrlich sein soll, du bist auch der erste Erdling, der mir begegnet. Und die Sensoren meines Bordcomputers haben festgestellt, du seist ganz harmlos. Ich hoffe, dass das kein Irrtum war, oder?

MacCool: Nein, nein, vor mir brauchst du keine Angst zu haben. Aber sag mal, warum bist du überhaupt hierhergekommen? Wolltest du wirklich zu uns auf die Erde?

Binas Aufgabe: die deutsche Sprache zu erforschen.

Bina: Ja, ich wollte wirklich auf die Erde. Und warum ich hier bin, kann ich dir auch sagen. Vielleicht kannst du mir sogar helfen. Ich bin nämlich mit einem ganz wichtigen Auftrag hier. Bei uns auf dem Planeten Grammatika ist die Weiterentwicklung unserer Sprachintelligenz die wichtigste Sache von allen. Sie ist das Lebensziel eines jeden Grammatikaners.
Nun meinen unsere großen Sprachforscher, dass die Erforschung der anderen Sprachen in diesem Universum uns sehr viel weiterhelfen könnte.

Ich bin auch Sprachforscherin, allerdings bin ich noch ziemlich unerfahren. Aber trotzdem haben sie mich losgeschickt, als unsere Sprachsensoren vielfältige sprachliche Aktivitäten auf der Erde feststellten. So soll ich jetzt die Sprachen auf der Erde erforschen.
Nun weißt du also, warum ich hier bin. Und ich wäre sehr froh, wenn du mir bei dieser schwierigen Aufgabe helfen könntest.

MacCool: Das ist ja toll. Weißt du denn auch, dass auf der Erde sehr viele verschiedene Sprachen gesprochen werden? Ich könnte dir höchstens bei der Erforschung meiner Sprache helfen.

Bina: Ja, das weiß ich. Aber irgendwo muss ich ja schließlich anfangen. Mein Bordcomputer sagt, hier spricht man Deutsch. Ist das richtig? Und hast du vielleicht noch ein bisschen Zeit? Dann könnten wir nämlich gleich loslegen.

Die Wortarten: Thema der folgenden Geschichten.

MacCool: Natürlich! Ich helfe dir doch gern. Und Zeit habe ich jede Menge. Ich schlage vor, wir beginnen mit den Wortarten, am besten mit dem Substantiv.

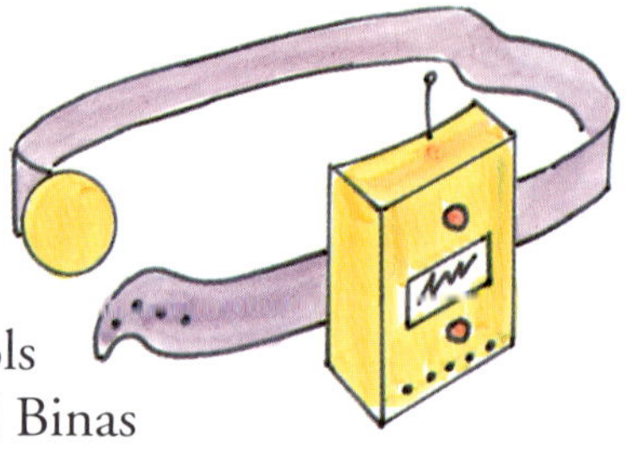

Jetzt wundert ihr euch vielleicht, warum Bina mit MacCool reden kann, obwohl sie doch gar kein Deutsch spricht. Sie besitzt aber einen Sprachcomputer, der MacCools Worte in ihre Sprache übersetzt und Binas Worte ins Deutsche.
MacCool und *Bina* wünschen dir nun viel Spaß bei ihren Grammatikabenteuern!

ÜBUNG MACHT DEN MEISTER

Wie du dieses Buch benutzt

In der Einleitung begegneten dir bereits MacCool und Bina, ein fremdes Wesen vom Planeten Grammatika. Begleite die beiden doch einfach auf ihren Ausflügen in die Welt der Wortarten!

Regeln, Tabellen, Übungen

In jedem Kapitel findest du ausführliche **Regelkästen,** übersichtliche **Tabellen** und viele **Übungen.** Der **Lösungsteil** hinten im Buch zeigt dir, ob du die Aufgaben richtig gelöst hast. Die Übungen sind nicht alle gleich schwierig: Die etwas leichteren sind mit einem **„A“** gekennzeichnet, die etwas schwierigeren mit einem **„B“.**

Tests mit Punktsystem

Darüber hinaus enden die beiden Hauptteile dieses Buches, „Deklination“ und „Konjugation“, mit einem **Abschlusstest,** und am Ende gibt es sogar noch ein „Finale“, den großen **Gesamtabschlusstest.** Die Punktzahlen sagen dir dabei genau, wie du deine Leistung jeweils einschätzen kannst.

Dann solltest du jetzt gleich loslegen!

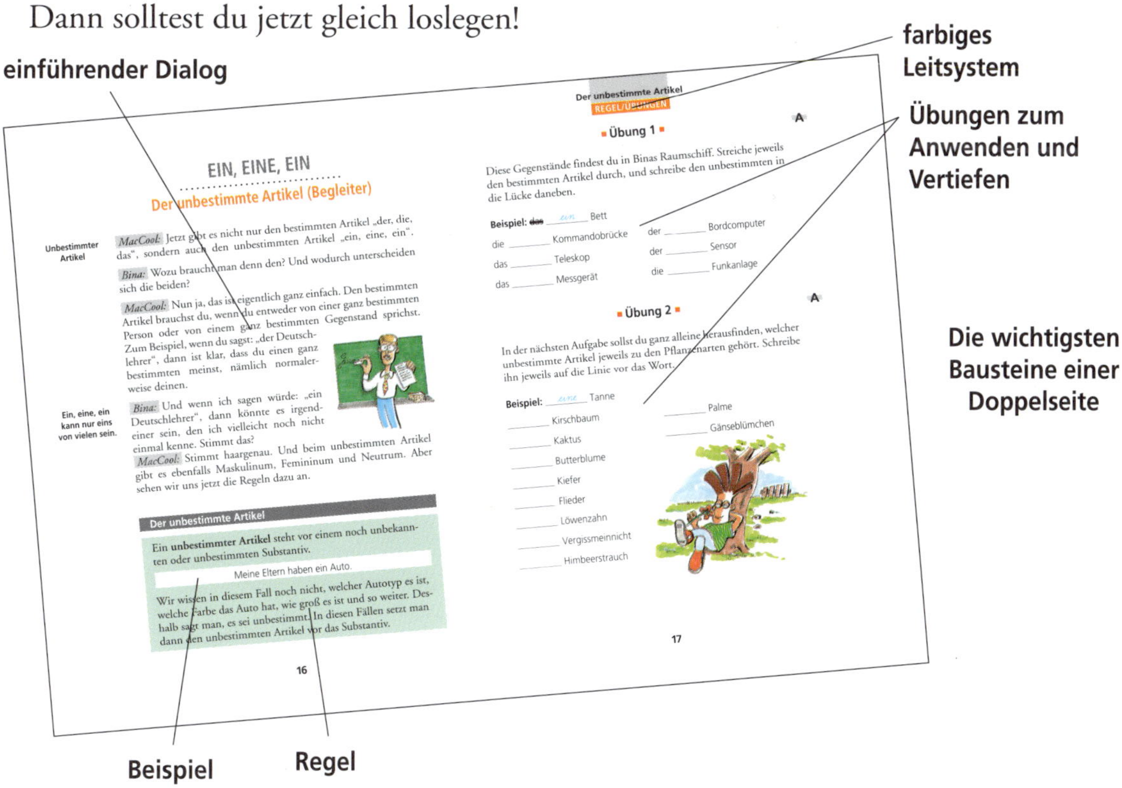

EIN, EINE, EIN

Der unbestimmte Artikel (Begleiter)

Unbestimmter Artikel

MacCool: Jetzt gibt es nicht nur den bestimmten Artikel „der, die, das“, sondern auch den unbestimmten Artikel „ein, eine, ein“.

Bina: Wozu braucht man denn den? Und wodurch unterscheiden sich die beiden?

MacCool: Nun ja, das ist eigentlich ganz einfach. Den bestimmten Artikel brauchst du, wenn du entweder von einer ganz bestimmten Person oder von einem ganz bestimmten Gegenstand sprichst. Zum Beispiel, wenn du sagst: „der Deutschlehrer“, dann ist klar, dass du einen ganz bestimmten meinst, nämlich normalerweise deinen.

Ein, eine, ein kann nur eins von vielen sein.

Bina: Und wenn ich sagen würde: „ein Deutschlehrer“, dann könnte es irgendeiner sein, den ich vielleicht noch nicht einmal kenne. Stimmt das?

MacCool: Stimmt haargenau. Und beim unbestimmten Artikel gibt es ebenfalls Maskulinum, Femininum und Neutrum. Aber sehen wir uns jetzt die Regeln dazu an.

Der unbestimmte Artikel

Ein **unbestimmter Artikel** steht vor einem noch unbekannten oder unbestimmten Substantiv.

Meine Eltern haben ein Auto.

Wir wissen in diesem Fall noch nicht, welcher Autotyp es ist, welche Farbe das Auto hat, wie groß es ist und so weiter. Deshalb sagt man, es sei unbestimmt. In diesen Fällen setzt man dann den unbestimmten Artikel vor das Substantiv.

16

Der unbestimmte Artikel
REGEL/ÜBUNGEN

Übung 1 A

Diese Gegenstände findest du in Binas Raumschiff. Streiche jeweils den bestimmten Artikel durch, und schreibe den unbestimmten in die Lücke daneben.

Beispiel: ~~das~~ ein Bett

die ______ Kommandobrücke
das ______ Teleskop
das ______ Messgerät
der ______ Bordcomputer
der ______ Sensor
die ______ Funkanlage

Übung 2 A

In der nächsten Aufgabe sollst du ganz alleine herausfinden, welcher unbestimmte Artikel jeweils zu den Pflanzenarten gehört. Schreibe ihn jeweils auf die Linie vor das Wort.

Beispiel: eine Tanne

______ Kirschbaum
______ Kaktus
______ Butterblume
______ Kiefer
______ Flieder
______ Löwenzahn
______ Vergissmeinnicht
______ Himbeerstrauch
______ Palme
______ Gänseblümchen

17

DER NAME DES DINGES

Das Substantiv (Hauptwort oder Namenwort)

Wovon ich rede, weißt du sofort durch ein Substantiv oder Namenwort.

Bina: Was ist denn ein Substantiv?

MacCool: Das Substantiv gibt den Dingen einen Namen. Deshalb heißt es in den unteren Klassen auch das Namenwort, wenn die Kinder erstmals Bekanntschaft mit den Wortarten machen.

A

▪ Übung 1 ▪

Schreibe zehn Substantive in dein Heft.

Bina: Kannst du mir mal ein Beispiel nennen, damit ich genau weiß, was du meinst?

MacCool: Da drüben siehst du zum Beispiel dein Raumschiff. Das Wort „Raumschiff" ist das Substantiv, das diesem Ding seinen Namen gibt. Wenn ich das Wort verwende, wissen alle, die die deutsche Sprache sprechen, wovon ich rede.

Bina: Und die Dinge, die man nicht anfassen kann, wie „Freude" oder „Trauer"?

MacCool: Sie sind genauso Substantive und brauchen einen Namen, damit man über sie reden kann. Man nennt diese Substantive übrigens Abstrakta und diejenigen Dinge, die man anfassen kann, bezeichnet man als Konkreta.

Substantive: Konkreta und Abstrakta

Es gibt zwei Arten von Substantiven: **Konkreta** und **Abstrakta.**
Zu den **Konkreta** (Einzahl: Konkretum) gehört alles, was man anfassen kann.

Konkreta

Raumschiff, Computer, Mutter, Vater, Hund, Baum …

Substantive, die Dinge bezeichnen, die man nicht berühren kann, heißen **Abstrakta** (Einzahl: Abstraktum).
Abstrakta sind beispielsweise Eigenschaften wie „Schnelligkeit“ oder „Stärke“ oder Zustände wie „Armut“ oder „Krankheit“ oder Handlungen wie „Pflege“ oder „Hilfe“.

Abstrakta

Schnelligkeit, Stärke, Armut, Krankheit, Pflege, Hilfe …

Übung 2

B

Überlege bei den folgenden Substantiven, ob es sich jeweils um ein Konkretum oder um ein Abstraktum handelt. Frage dich dabei immer: Kann ich das anfassen? Schreibe jeweils ein „A“ für die Abstrakta und ein „K“ für die Konkreta.

Beispiel: Glück A

Bruder ______	Enttäuschung ______
Sommer ______	Schuljahr ______
Radiergummi ______	Unglück ______
Löffel ______	Bleistift ______
Berg ______	Affe ______
Heft ______	Freundschaft ______

Bina: Ich denke, das habe ich jetzt verstanden.

DER, DIE, DAS

Der bestimmte Artikel (Begleiter)

Bina: Was ist denn überhaupt ein Artikel? Und warum heißt er auch Begleiter?

Artikel oder Begleiter

MacCool: Er heißt so, weil er das Substantiv begleitet. Durch den Artikel weißt du immer gleich, ob das Substantiv ein Maskulinum, ein Femininum oder ein Neutrum ist.

Bina: Puh, das sind jetzt aber viele schwierige Begriffe auf einmal. Was bedeuten denn die Wörter „Maskulinum“, „Femininum“ und „Neutrum“?

Maskulinum

MacCool: Also: „Maskulinum“ ist das lateinische Wort für eine männliche Person oder für einen männlichen Gegenstand wie „der Mann“ oder „der Ball“.

Femininum

„Femininum“ sind dagegen weibliche Personen und weibliche Gegenstände wie „die Frau“ oder „die Mütze“.

Neutrum

„Neutrum“ sind schließlich meistens sächliche Gegenstände wie „das Auto“ oder „das Buch“. Nur in einigen Ausnahmefällen wird auch Substantiven, die Personen bezeichnen, der Artikel „das“ vorangestellt, wie bei „das Kind“ oder „das Mädchen“. Außerdem wird allen Wörtern der sächliche Artikel vorangestellt, denen man die Silben *„-lein“* oder *„-chen“* anhängt, wie „das Mäuslein“ oder „das Männchen“.

Der bestimmte Artikel

Der **bestimmte Artikel** oder Begleiter des Substantivs zeigt an, welches Geschlecht das Substantiv hat.
Es gibt drei Geschlechter und somit auch drei verschiedene Artikel.

Drei Geschlechter – drei verschiedene Artikel

1. Maskulinum:
Männliche Wesen und Gegenstände:

der Onkel, **der** Zug, **der** Hund, **der** Fußball …

2. Femininum:
Weibliche Wesen und Gegenstände:

die Tante, **die** Bahn, **die** Katze, **die** Kugel …

3. Neutrum:

a) Wesen und Gegenstände, die kein bestimmtes Geschlecht haben oder von denen wir im Einzelfall nicht wissen, ob sie männlich oder weiblich sind:

das Kind (es kann männlich oder weiblich sein) …

b) Alle Substantive, an die du ein „*-chen*“ oder „*-lein*“ anhängst:

das Mädchen, **das** Kätzchen, **das** Vöglein …

Artikel schreibt man klein, es sei denn, sie stehen am Anfang eines Satzes.

A

▪ Übung 1 ▪

Welcher Artikel ist richtig? Kreuze jeweils die passende Form an.

☐ der Butter	☐ das Pferd	☐ die Artikel
☐ die Butter	☐ die Pferd	☐ der Artikel
☐ das Butter	☐ der Pferd	☐ das Artikel

B

▪ Übung 2 ▪

Ist es ein Maskulinum? Oder ein Femininum? Oder ein Neutrum? Kennzeichne die folgenden Tierarten jeweils mit einem kleinen „m“ für ein Maskulinum, mit einem kleinen „f“ für ein Femininum oder mit einem kleinen „n“ für ein Neutrum.

Beispiel: Rind _n_

Hund ____________	Katze ____________	Hamster ____________
Hase ____________		Marder ____________
Fuchs ____________		Reh ____________
		Bussard ____________
	Igel ____________	
	Huhn ____________	
Hirsch ____________	Biene ____________	
Wolf ____________	Vogel ____________	Schwein ____________

Bina: Steht so ein Artikel immer vor einem Substantiv?

MacCool: Nein, nicht immer. Manchmal wird er auch weggelassen. Bei manchen Abstrakta nämlich, also bei Substantiven, die Sachen bezeichnen, die man nicht anfassen kann, zum Beispiel: „Schwimmen macht Spaß“.

Substantive ohne Artikel

Der **Artikel** wird weggelassen:

1. bei manchen **Abstrakta,** wenn sie allgemein eine Eigenschaft, einen Zustand oder einen Vorgang bezeichnen.

Ich habe **Hunger.**

2. bei einigen **Redewendungen** und **Sprichwörtern.**

Not kennt kein Gebot.

3. bei Bezeichnungen für einige **Festtage.**

Nächste Woche ist **Fastnacht.**

Übung 3

B

Überlege bei den folgenden Beispielen, ob du den bestimmten Artikel auch weglassen kannst. Wenn ja, streiche ihn einfach durch.

a) Die Fastnacht ist ein lustiges Fest.
b) Die Freundlichkeit ist eine angenehme Eigenschaft.
c) Ich habe den Brief auf den Tisch gelegt.
d) Du hast den Apfel aufgegessen.
e) Da habe ich zuerst einmal tief den Atem geholt.

Achtung: In einem Beispiel darf auf keinen Fall ein Artikel stehen!

Bina: Wozu muss man denn eigentlich die lateinischen Bezeichnungen lernen?

MacCool: Weil du sonst nicht mit den Grammatikbüchern zurechtkommst. Egal, in welcher Grammatik du etwas nachsehen willst: Überall findest du nur die lateinischen Ausdrücke. Da gibt es dann kein „Namenwort", sondern nur noch ein „Substantiv". Und der „Begleiter" heißt lediglich „Artikel".

Wozu man lateinische Ausdrücke lernen muss …

Bina: Gut. Dann wird uns eben nichts anderes übrig bleiben, als diese lateinischen Ausdrücke zu lernen.

EIN, EINE, EIN

Der unbestimmte Artikel (Begleiter)

Unbestimmter Artikel

MacCool: Jetzt gibt es nicht nur den bestimmten Artikel „der, die, das“, sondern auch den unbestimmten Artikel „ein, eine, ein“.

Bina: Wozu braucht man denn den? Und wodurch unterscheiden sich die beiden?

MacCool: Nun ja, das ist eigentlich ganz einfach. Den bestimmten Artikel brauchst du, wenn du entweder von einer ganz bestimmten Person oder von einem ganz bestimmten Gegenstand sprichst. Zum Beispiel, wenn du sagst: „der Deutschlehrer“, dann ist klar, dass du einen ganz bestimmten meinst, nämlich normalerweise deinen.

Ein, eine, ein kann nur eins von vielen sein.

Bina: Und wenn ich sagen würde: „ein Deutschlehrer“, dann könnte es irgendeiner sein, den ich vielleicht noch nicht einmal kenne. Stimmt das?

MacCool: Stimmt haargenau. Und beim unbestimmten Artikel gibt es ebenfalls Maskulinum, Femininum und Neutrum. Aber sehen wir uns jetzt die Regeln dazu an.

Der unbestimmte Artikel

Ein **unbestimmter Artikel** steht vor einem noch unbekannten oder unbestimmten Substantiv.

Meine Eltern haben ein Auto.

Wir wissen in diesem Fall noch nicht, welcher Autotyp es ist, welche Farbe das Auto hat, wie groß es ist und so weiter. Deshalb sagt man, es sei unbestimmt. In diesen Fällen setzt man dann den unbestimmten Artikel vor das Substantiv.

■ Übung 1 ■

A

Diese Gegenstände findest du in Binas Raumschiff. Streiche jeweils den bestimmten Artikel durch und schreibe den unbestimmten in die Lücke daneben.

Beispiel: ~~das~~ ___*ein*___ Bett

die ________ Kommandobrücke

das ________ Teleskop

das ________ Messgerät

der ________ Bordcomputer

der ________ Sensor

die ________ Funkanlage

■ Übung 2 ■

A

In der nächsten Aufgabe sollst du ganz alleine herausfinden, welcher unbestimmte Artikel jeweils zu den Pflanzenarten gehört. Schreibe ihn jeweils auf die Linie vor das Wort.

Beispiel: ___*eine*___ Tanne

________ Kirschbaum

________ Kaktus

________ Butterblume

________ Kiefer

________ Flieder

________ Löwenzahn

________ Vergissmeinnicht

________ Himbeerstrauch

________ Palme

________ Gänseblümchen

EINER ODER VIELE?

Singular (Einzahl) und Plural (Mehrzahl)

Wenn wir viele Dinge sehen, müssen sie im Plural stehen.

Bina: Wie ist das eigentlich, wenn ich über mehrere Dinge auf einmal reden will?

MacCool: Dann musst du einen Plural, das heißt die Mehrzahl bilden. Mit anderen Worten: Du musst das Substantiv umformen.

Singular und Plural

Die Einzahl heißt **Singular** und die Mehrzahl heißt **Plural.** Für „Singular" und „Plural" sagt man auch „die **Numeri**" (Einzahl: Numerus).

Bina: Wie macht man das?

Pluralendung

MacCool: Das ist ziemlich unterschiedlich. Nehmen wir einmal an, hier wäre nicht nur dein Raumschiff, sondern es gäbe noch viele andere. Dann müsste man „die Raumschiffe" sagen. Bei manchen Wörtern hängt man also noch eine Endung an.

Vokale heißen Selbstlaute.

Bei anderen Wörtern ändert sich der Vokal, das ist der lateinische Name für Selbstlaut, in einen Umlaut. Oder der Vokal wird zum Umlaut und es kommt eine Endung hinzu. Zum Beispiel der Baum hier, der allein steht, und im Gegensatz dazu die vielen Bäume dort drüben.

Wieder andere Wörter haben in Singular (Einzahl) und Plural (Mehrzahl) dieselben Formen. Zum Beispiel „das Fenster".

Schließlich gibt es noch eine Gruppe, die gar keine Pluralformen bildet; dazu gehören viele Stoffnamen wie „Milch" oder „Zucker". Auch Eigennamen von Städten oder Flüssen wie „München" oder „der Rhein" bilden keinen Plural, ebensowenig Abstrakta wie „Glück" oder „Traurigkeit".

Pluralformen und Singularwörter

Wenn Gegenstände oder Wesen mehr als einmal vorkommen, stehen sie im **Plural.**
Die **Pluralformen** sind ganz unterschiedlich.

Pluralformen

1. Bei manchen Substantiven haben Singular und Plural dieselbe Form.

das Fenster – die Fenster

2. Bei anderen ändert sich der Vokal (Selbstlaut) in einen Umlaut.

der V**a**ter – die V**ä**ter
die T**o**chter – die T**ö**chter
die M**u**tter – die M**ü**tter

3. Bei einer dritten Gruppe wird nur eine Endung angehängt.

das Kind – die Kind**er**

Einige Substantive bilden überhaupt keinen Plural, sondern sind reine **Singularwörter.**
Dazu gehören:

Singularwörter

1. viele Eigennamen

Deutschland, Frankreich, Frankfurt, die Donau …

2. viele Stoffnamen

Beton, Paprika, Pfeffer, Gold, Silber, Kupfer …

3. viele Abstrakta

Wärme, Kälte, Dunkelheit, Ruhm, Neid …

A ■ **Übung 1** ■

Fallen dir noch mehr Wörter ein, von denen es keinen Plural gibt? Schreibe zehn Wörter in dein Heft.

Bina: Da habe ich gleich noch eine Frage. Wie ist es denn, wenn im Singular (in der Einzahl) ein unbestimmter Artikel steht, also „ein, eine, ein"?

MacCool: Wenn man von einem Wort mit einem unbestimmten Artikel davor den Plural (die Mehrzahl) bildet, ist das kein Problem. Der Artikel fällt dann einfach weg.

Bina: Er fällt einfach weg? Das ist wirklich nicht schwierig. Aber ich muss ja trotzdem die richtige Endung wissen und das ist im Grunde schon schwer genug. Wie lernt man eigentlich die richtige Form zu bilden?

MacCool: Durch viel Übung!

Bina: Dann lass uns gleich mal damit anfangen.

A ■ **Übung 2** ■

Schreibe die Pluralformen der folgenden Wörter mit dem bestimmten Artikel jeweils auf die Linie daneben.

Beispiel: die Hand ___die Hände___

die Wand ____________	die Matte ____________
das Land ____________	die Latte ____________
das Band ____________	die Ratte ____________
das Tal ____________	der Ball ____________
das Mal ____________	der Fall ____________
die Qual ____________	der Stall ____________

Nur Übung macht den Meister!

das Segel ____________	der Baum ____________
die Regel ____________	der Traum ____________
der Kegel ____________	der Raum ____________
das Fett ____________	der Flieger ____________
das Bett ____________	der Krieger ____________
das Tablett ____________	der Sieger ____________
der Topf ____________	der Stamm ____________
der Kopf ____________	der Damm ____________
der Knopf ____________	das Lamm ____________
der Spiegel ____________	das Schiff ____________
der Riegel ____________	das Riff ____________
der Ziegel ____________	der Griff ____________

A

Übung 3

Und jetzt versuche dasselbe noch einmal mit dem unbestimmten Artikel. Denke auch daran, dass hier im Plural kein Artikel steht.

ein Stumpf ______________	ein Bund ______________
ein Strumpf ______________	ein Mund ______________
ein Sumpf ______________	ein Fund ______________
ein Trumpf ______________	ein Grund ______________
ein Fluch ______________	eine Katze ______________
ein Geruch ______________	eine Fratze ______________
ein Buch ______________	eine Glatze ______________
ein Tuch ______________	eine Tatze ______________

Ob sie sich ebenfalls für Grammatik interessiert?

… auch der Hase spitzt aufmerksam die Ohren

ein Bote __________________
eine Schote __________________
eine Note __________________
eine Pfote __________________

ein Sieb __________________
ein Trieb __________________
ein Hieb __________________
ein Dieb __________________

eine Blase __________________
ein Hase __________________
eine Nase __________________
eine Phase __________________

ein Bock __________________
ein Stock __________________
ein Rock __________________
ein Schock __________________

eine Tasse __________________
eine Klasse __________________
eine Kasse __________________
eine Masse __________________

ein Strudel __________________
ein Sprudel __________________
eine Nudel __________________
ein Pudel __________________

MacCool: Ich glaube, das reicht für heute. Es ist ja auch schon ganz schön spät.
Ich muss jetzt allmählich nach Hause gehen. Treffen wir uns doch morgen wieder. Da könnte ich dir auch gleich noch ein bisschen von unserem Planeten zeigen.
Wie wäre es, wenn wir uns im Märchengarten verabredeten?

Bina: Das ist eine Superidee!
Also, dann bis morgen Nachmittag um drei Uhr im Märchengarten.

WER, WEM, WAS?

Die Deklination (Beugung)

Bina und MacCool treffen sich am Nachmittag des nächsten Tages wie verabredet im Märchengarten.

Bina: Das ist ja ganz toll hier. Diese alten Märchen sind wirklich total spannende Geschichten.
Aber komm, wir setzen uns jetzt mal da drüben auf die Bank, damit du mir dort in aller Ruhe noch ein bisschen Grammatik erklären kannst.

Fälle des Substantivs

MacCool: Also gut. Jetzt kommen wir zu einer ziemlich schwierigen Sache, nämlich zu den Fällen des Substantivs.

Bina: Die Fälle? Was meinst du denn damit?

MacCool: Hm! Das ist gar nicht so einfach zu erklären.
Also, vielleicht verstehst du es so: Wenn ich von dir direkt spreche, sage ich: „Bina". Sage ich aber beispielsweise „Binas Fuß", dann ist nicht mehr von dir selbst die Rede, sondern von deinem Fuß. Daher wird deinem Namen dann auch eine Endung angehängt.

Bina: Und das sind zwei verschiedene Fälle? Sagt man deshalb so?

Beugung oder Deklination der Fälle

MacCool: Genau! Das Bilden der Fälle ist nichts anderes als dieses Anhängen einer Endung. Und das nennt man auch „Beugung" oder „**Deklination**".

Die Deklination

Die Beugung oder Veränderung der Substantive nennt man **„Deklination"**.
Man versteht darunter die Tatsache, dass die verschiedenen Aussageformen immer einen bestimmten Fall fordern, in den ein Wort gesetzt werden muss.

das Taschentuch meiner Mutter

Hier steht „das Taschentuch" im Nominativ oder Wer-oder-Was-Fall und „meiner Mutter" im Genitiv oder Wessen-Fall. Der Nominativ ist also sozusagen die Grundform, in der auch die fett gedruckten Wörter im Lexikon stehen und der Genitiv zeigt an, wessen Gegenstand es ist, in diesem Fall eben „meiner Mutter".

Bina: Wie viele Fälle gibt es denn in der deutschen Sprache?

Die vier Fälle

MacCool: Es gibt vier Fälle, nämlich den Wer-oder-Was-Fall oder Nominativ, den Wessen-Fall oder Genitiv, den Wem-Fall oder Dativ und schließlich den Wen-oder-Was-Fall oder Akkusativ.

Bina: Da kommt mir ein unheimlicher Verdacht. Wir haben doch gestern über Maskulinum, Femininum und Neutrum gesprochen.
Und dann gab es da noch Singular und Plural. Wie ist es denn nun mit den Endungen?

MacCool: Deinen Verdacht muss ich leider bestätigen. Jeden dieser Fälle kann man an seiner ganz besonderen Endung oder an der Veränderung seines Artikels erkennen. Aber das kann ich dir am besten mithilfe der folgenden Regeln erklären. Und wenn du eine bestimmte Endung wissen musst, zum Beispiel, wie ein Substantiv im Akkusativ Femininum aussieht, schaust du einfach in den Deklinationstabellen am Ende dieses Kapitels nach.

→ Seite 39

Die vier Kasus (Fälle)

Es gibt im Deutschen vier verschiedene Fälle:

1. den ersten Fall oder **Nominativ** oder Wer-oder-Was-Fall.

„**der** Froschkönig" – Singular Maskulinum
„**die** Fee" – Singular Femininum
„**das** Schloss" – Singular Neutrum
„**die** Froschkönig**e**" – Plural Maskulinum
„**die** Fee**n**" – Plural Femininum
„**die** Schl**össer**" – Plural Neutrum

2. den zweiten Fall oder **Genitiv** oder Wessen-Fall.

„**des** Froschkönig**s**" – Singular Maskulinum
„**der** Fee" – Singular Femininum
„**des** Schl**osses**" – Singular Neutrum
„**der** Froschkönig**e**" – Plural Maskulinum
„**der** Fee**n**" – Plural Femininum
„**der** Schl**össer**" – Plural Neutrum

Die vier Kasus (Fälle)

3. den dritten Fall oder **Dativ** oder Wem-Fall.

„**dem** Froschkönig" – Singular Maskulinum
„**der** Fee" – Singular Femininum
„**dem** Schloss" – Singular Neutrum
„**den** Froschkönig**en**" – Plural Maskulinum
„**den** Fee**n**" – Plural Femininum
„**den** Schl**össern**" – Plural Neutrum

4. den vierten Fall oder **Akkusativ** oder Wen-oder-Was-Fall.

„**den** Froschkönig" – Singular Maskulinum
„**die** Fee" – Singular Femininum
„**das** Schloss" – Singular Neutrum
„**die** Froschkönig**e**" – Plural Maskulinum
„**die** Fee**n**" – Plural Femininum
„**die** Schl**össer**" – Plural Neutrum

Die Endungen in den verschiedenen Fällen richten sich nach dem Geschlecht des Substantivs und danach, ob ein Wort im Singular oder im Plural steht.

■ Übung ■

Versuch doch selbst einmal, die folgenden Substantive zu deklinieren, wie es in dem Beispiel gezeigt wird.

Beispiel:	Nominativ:	der Schuh
	Genitiv:	des Schuhs
	Dativ:	dem Schuh
	Akkusativ:	den Schuh

Nominativ:	der Zopf	Nominativ:	der Kopf
Genitiv:	____________	Genitiv:	____________
Dativ:	____________	Dativ:	____________
Akkusativ:	____________	Akkusativ:	____________

Nominativ:	die Ratte	Nominativ:	die Matte
Genitiv:	____________	Genitiv:	____________
Dativ:	____________	Dativ:	____________
Akkusativ:	____________	Akkusativ:	____________

Bei Schwierigkeiten schau noch einmal auf den Seiten 26 und 27 nach!

Nominativ:	das Schild	Nominativ:	das Bild
Genitiv:	____________	Genitiv:	____________
Dativ:	____________	Dativ:	____________
Akkusativ:	____________	Akkusativ:	____________

Der Nominativ

Nominativ oder Wer-oder-Was-Fall

Will man feststellen, in welchem Fall ein Wort steht, so kann man dies durch bestimmte Fragen herausfinden.
Nach dem **Nominativ** fragt man mit „wer oder was?"
Mit „wer?" fragt man nach Personen.

Frage: „**Wer** hat die Kugel aus dem Brunnen geholt?"
Antwort: „Der Froschkönig hat sie geholt."

Mit „was?" fragt man nach Gegenständen.

Frage: „**Was** ist in den Brunnen gefallen?"
Antwort: „Die Kugel ist in den Brunnen gefallen."

Ein kleiner, ungewöhnlicher Tipp: die Ersatzprobe

Ersatzprobe

Willst du den Fall eines Substantivs bestimmen (das kein Maskulinum ist), so ersetze das betreffende Wort einfach durch die entsprechend deklinierte Form von **„der Mann".** Dabei ist es egal, ob es sich um ein Singular- oder ein Pluralwort handelt oder ob es ein Femininum oder ein Neutrum ist. Denn „der Mann" ist so ziemlich das einfachste Wort im Maskulinum und beim männlichen Artikel kannst du die Formveränderung durch die Fälle hindurch besser erkennen als beim weiblichen oder beim sächlichen Artikel.

Beispiel: Wir haben mit der Parallelklasse das **Schulfest** besprochen.

„Schulfest" ist hier das zu bestimmende Wort. In welchem Fall steht das wohl? Wir werden es gleich wissen, wenn wir es durch das entsprechend gebeugte „der Mann" ersetzen. Also: Wir haben mit der Parallelklasse **„den Mann"** besprochen. Aha! „Den Mann" steht eindeutig im Akkusativ. Natürlich ergibt der Inhalt des Satzes so keinen Sinn, aber darum geht es hier ja überhaupt nicht. Wir wollten nur herausfinden, welchen Fall wir vor uns haben. Und das ist uns gelungen! Unter den folgenden Übungen sind auch einige, bei denen du die Fälle bestimmen sollst. Wende doch diesen Trick gleich einmal an! Es ist ganz einfach!

Übungen zum Nominativ

A ■ **Übung 1** ■

Wie musst du fragen, wenn du den Nominativ herausfinden willst? Welches Wort ist es bei den folgenden Sätzen?

Beispiel: Bina spricht mit MacCool.
Frage: Wer oder was spricht mit MacCool?
Antwort: Bina. → Bina steht im Nominativ.

Bina kommt von weit her. Nominativ: ____________

MacCool findet Bina nett. Nominativ: ____________

Das Raumschiff ist braun. Nominativ: ____________

Die Reise dauerte sehr lange. Nominativ: ____________

Grammatika gehört nicht zu unserem Sonnensystem. Nominativ: ____________

B ■ **Übung 2** ■

Um welchen Nominativ handelt es sich? Bestimme die folgenden Nominative wie in dem Beispiel.

Beispiel:
der Froschkönig: Nominativ Singular Maskulinum

die Königstochter: ____________

der Brunnen: ____________

die Perlen: ____________

die Edelsteine: ____________

das Pferd: ____________

die Kleider: ____________

Übung 3

B

Der folgende Text ist der Anfang eines Märchens. Unterstreiche alle Substantive, die im Nominativ stehen.

Der Eisenhans

Es war einmal ein König, der hatte einen großen Wald bei seinem Schloss, darin lief Wild aller Art herum. Eines Tages schickte er einen Jäger aus, der solle ein Reh schießen, aber er kam nicht wieder.
„Vielleicht ist ihm ein Unglück zugestoßen", sagte der König und schickte den folgenden Tag zwei andere Jäger aus, die sollten ihn suchen. Aber die blieben auch weg. Da ließ er am dritten Tag alle seine Jäger kommen und befahl: „Streift durch den ganzen Wald und hört nicht früher auf, bis ihr alle drei gefunden habt!" Aber auch von diesen Jägern kam keiner wieder heim und von der Meute der Hunde, die sie mitgenommen hatten, ließ sich keiner je wieder sehen.

Möchtest du wissen, wie diese spannende Geschichte weitergeht? Soviel sei verraten: Sie wird noch viel spannender! Vielleicht findest du sie in einer Bücherei oder in einem deiner eigenen Märchenbücher. Das Märchen heißt „Der Eisenhans" und stammt von den Brüdern Grimm. Viel Spaß beim Lesen!

Der Genitiv

Nach dem **Genitiv** fragt man mit „wessen?"

Frage: „**Wessen** Kugel war in den Brunnen gefallen?"
Antwort: „Die Kugel der Königstochter war hineingefallen."

Genitiv oder Wessen-Fall

Übungen zum Genitiv

A

■ Übung 1 ■

In der Schule auf Grammatika hat ein Sturm gewütet. Alle Dinge sind durcheinander geraten.
Kannst du Bina und ihren Freunden helfen alles zu sortieren, sodass jeder Gegenstand wieder bei seinem früheren Besitzer landet? Schreibe die Antworten in dein Heft. Der Besitzer wird jedesmal in Klammern angegeben. *Aber Achtung!* Die Angabe in Klammern steht immer im Nominativ und du sollst daraus den Genitiv bilden.

Beispiel: Wessen Heft ist das? (das Mädchen)
Es ist das Heft des Mädchens.

Wessen Bleistift ist das? (der Lehrer)
Wessen Füller ist das? (Bobo)
Wessen Lineal ist das? (der große Junge)
Wessen Poster ist das? (die erste Klasse)
Wessen Tasche ist das? (der Direktor)

A

■ Übung 2 ■

Schreibe neben jeden Gegenstand die Märchenfigur, die zu ihm gehört. Natürlich mit der richtigen Endung! Aber das kannst du ja bestimmt!

Beispiel: die eisernen Reifen (der treue Heinrich)
des treuen Heinrichs

der Schuh (Aschenputtel) ______________________

der Gürtel (das tapfere Schneiderlein) ______________________

das Bett (Frau Holle) ______________________

der Zopf (Rapunzel) ______________________

Übung 3

B

Bestimme den Genitiv. Du kennst diese Übung schon vom Nominativ her. Bist du eines jener Superhirne, die diese Übung dort schon richtig gemacht haben? Dann mal los!

Beispiel: des Froschkönig**s** *Genitiv Singular Maskulinum*

der sieben Zwerge: ______

des Goldesels: ______

der sieben Geißlein: ______

der weißen Schlange: ______

des Däumlings: ______

Übung 4

A

MacCool besichtigt zum ersten Mal Binas Raumschiff. Füge jeweils die richtige Genitivform ein.

Beispiel: Die Einstiegsleiter (das Raumschiff) besteht aus einem elastischen Material, sodass das Emporklettern ganz leicht geht.
Die Einstiegsleiter *des Raumschiffs* besteht aus einem elastischen Material, sodass das Emporklettern ganz leicht geht.

Die Einstiegsleiter (das Raumschiff) besteht aus einem elastischen Material, sodass das Emporklettern ganz leicht geht. Die drei Zimmer (das Raumschiff) sind dreieckig. Die Höhe (die Wände) ist unterschiedlich. Die Wände (das Schlafzimmer) sind niedriger, während die Wände (die Kommandobrücke) sehr hoch sind. Doch die Höhen (die Zimmer) sind eigentlich nur Illusion und ihre Beschaffenheit kann über den Bordcomputer reguliert werden.

Der Dativ

Dativ oder Wem-Fall

Nach dem **Dativ** fragt man mit „wem?"

Frage: **„Wem** hat die Königstochter die Freundschaft versprochen?"
Antwort: „Dem Froschkönig hat sie sie versprochen."

Anmerkung: Ein Verb „regiert" einen Fall

Vielleicht findest du es langweilig, dass bei den Übungen zu den Fällen so oft immer wieder dasselbe Verb (Tätigkeits- oder Tunwort) auftaucht. Aber dafür gibt es selbstverständlich einen Grund. Viele Verben müssen nämlich grundsätzlich mit einem bestimmten Fall stehen. Man sagt auch, dass ein Verb einen Fall „regiert". In solchen Übungen kommt es vor allem darauf an ein Substantiv in einen vorgegebenen Fall zu setzen. Wenn nun dieser Fall hier immer wieder in Verbindung mit demselben Verb vorkommt, bleiben dir hoffentlich beide zusammen in Erinnerung und du wirst dieses Verb nicht mehr mit einem falschen Fall gebrauchen.

Übungen zum Dativ

A

Übung 1

Auf ihrer weiten Reise zur Erde machte Bina ein paar Tage Pause auf dem Planeten Zoologika. Dort gibt es keine Menschen, sondern nur Tiere und Pflanzen. Bina war früher schon einmal da gewesen und hat deshalb viele Freunde dort. Diesen hat sie versprochen, auf dem Rückweg wieder vorbeizukommen und jedem von ihnen etwas von der Erde mitzubringen. Bilde die Antwortsätze so, wie in dem Beispiel vorgegeben und schreibe sie in dein Heft.

Beispiel: Wem bringt Bina die Zuckerrübe mit? (das Pferd)
Bina bringt dem Pferd die Zuckerrübe mit.

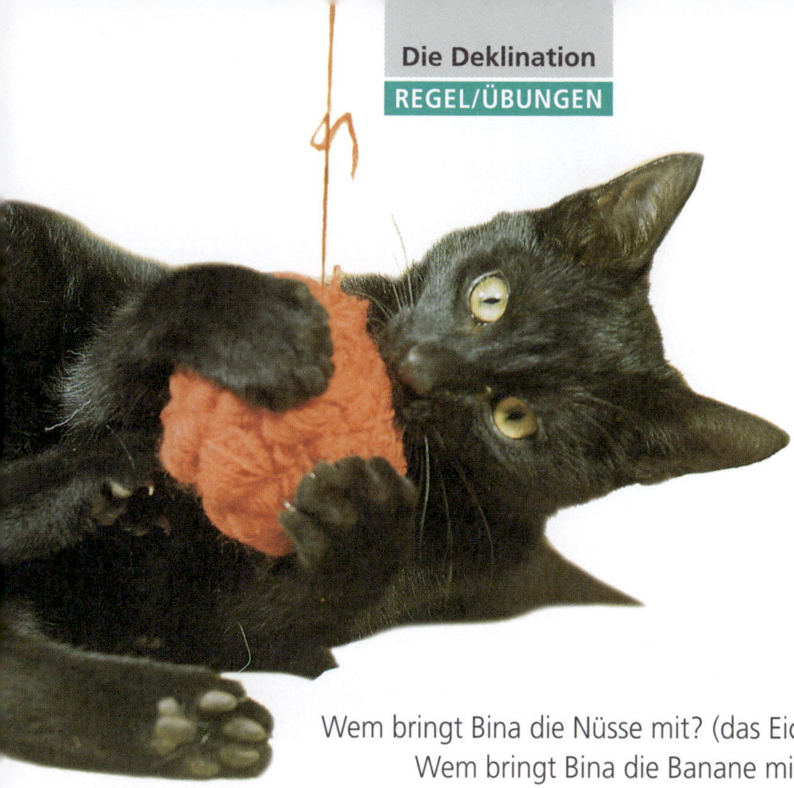

Auch ein kleines Kätzchen hat so seine Probleme ...

Wem bringt Bina die Nüsse mit? (das Eichhörnchen)
Wem bringt Bina die Banane mit? (der Affe)
Wem bringt Bina den Salat mit? (die Schildkröte)
Wem bringt Bina die kleinen Spiegel mit? (die Wellensittiche)
Wem bringt Bina die Wolle mit? (die Katzen)
Wem bringt Bina den Heuhaufen mit? (die Kamele)

▪ Übung 2 ▪

A

Wem gehört es? Schreibe den Besitzer, der jeweils in Klammern angegeben ist, mit dem Artikel im Dativ in die jeweilige Lücke.

Beispiel: Das Schloss gehört ____________________. (der König)
Das Schloss gehört *dem König*.

Das Knusperhäuschen gehört ____________________. (die Hexe)

Das Tischleindeckdich gehört ____________________. (der Schreiner)

Der große Wald gehört ____________________. (der König Drosselbart)

Die Bettchen gehören ____________________. (die sieben Zwerge)

Übung 3

Nun sollst du alle Substantive unterstreichen, die im Dativ stehen. Du kennst diese Art Aufgabe schon vom Nominativ. Es handelt sich bei dem folgenden Text wieder um den Anfang eines Märchens. Das Märchen wurde von Wilhelm Hauff geschrieben. *Ein kleiner Tipp:* Diese superharte Nuss kann mithilfe des Kapitels „Präpositionen und ihre Kasus“ leichter geknackt werden! Außerdem kannst du natürlich auch die Deklinationstabellen zu Hilfe nehmen.

→ Seite 40

→ Seite 39

Die Geschichte vom Kalif Storch

Der Kalif Chasid zu Bagdad saß einmal an einem schönen Nachmittag behaglich auf seinem Sofa; er hatte ein wenig geschlafen, denn es war ein heißer Tag und sah nun nach seinem Schläfchen recht heiter aus.
Er rauchte aus einer langen Pfeife von Rosenholz, trank hie und da ein wenig Kaffee, den ihm ein Sklave einschenkte und strich sich allemal vergnügt den Bart, wenn es ihm geschmeckt hatte.
Kurz, man sah dem Kalifen an, dass es ihm recht wohl war. Um diese Stunde konnte man gar gut mit ihm reden, weil er da immer recht mild und leutselig war, deswegen besuchte ihn auch sein Großwesir Mansor alle Tage um diese Zeit.

Der Akkusativ

Akkusativ oder Wen-oder-Was-Fall

Nach dem **Akkusativ** fragt man mit „wen oder was?“

Frage: „**Wen** warf die Königstochter an die Wand?“
Antwort: „Sie warf den Froschkönig an die Wand.“

Übungen zum Akkusativ

▪ Übung 1 ▪

A

Auf ihrem Spaziergang durch den Märchengarten haben Bina und MacCool viele Figuren und Gegenstände kennen gelernt, die in bekannten Märchen eine Rolle spielen. Die Figuren stehen immer in Klammern hinter dem Satz. *Vorsicht!* Du musst auch den jeweils dazugehörigen bestimmten Artikel herausfinden. Bilde den Akkusativ wie in dem Beispiel.

Beispiel: Sie haben __________ kennen gelernt. (Goldesel)
Sie haben *den Goldesel* kennen gelernt.

Sie haben __________ kennen gelernt. (zertanzte Schuhe)

Sie haben __________ kennen gelernt. (Spieglein an der Wand)

Sie haben __________ kennen gelernt. (Hexe)

Sie haben __________ kennen gelernt. (kleiner Muck)

Sie haben __________ kennen gelernt. (sieben Geißlein)

▪ Übung 2 ▪

A

Auf Grammatika wird ein Geburtstag immer ganz groß gefeiert. Und da Bina viele Freunde hat, bekam sie zu ihrem letzten Geburtstag auch viele Geschenke. Schreibe die angegebenen Geschenke im Akkusativ und mit dem dazugehörigen **unbestimmten Artikel** in dein Heft. Denke dabei immer an die Frage: **Wen oder was hat Bina bekommen?**

Beispiel: Kaktus
einen Kaktus

Bina bekam zum Geburtstag:

Mütze	Gürtel	Mini-Roboter
Computerspiel	Reisetasche	Sprachtransformiergerät

A

■ Übung 3 ■

Im Märchengarten spielen Bina und MacCool zwischendurch „Ich sehe was, was du nicht siehst". Welche Gegenstände sie dabei erraten haben, erfährst du in den folgenden Übungssätzen. Mach es wie in dem Beispiel.

Beispiel: Sie haben ____________________ erraten. (Spatz auf der Bank)
Sie haben den Spatz auf der Bank erraten.

Sie haben ____________________ erraten. (Taube im Baum)

Sie haben ____________________ erraten. (Vogelhaus)

Sie haben ____________________ erraten. (Birnbaum)

Sie haben ____________________ erraten. (Ente am Ufer)

Sie haben ____________________ erraten. (Flamingo)

Sie haben ____________________ erraten. (Entenküken)

B

■ Übung 4 ■

Man wird im Märchengarten mit einer ganzen Menge Überraschungen konfrontiert. Setze die fehlenden Artikel im Akkusativ in die Lücken der folgenden Sätze. *Vorsicht!* Du musst jeweils entscheiden, ob der bestimmte oder der unbestimmte Artikel besser passt.

Wenn man ______________ Froschteich überquert und auf ______________ bestimmten Stein tritt, wird man plötzlich nassgespritzt.

Wenn man ______________ Münze in ______________ Körnerautomat wirft, kann man den Tauben zusehen, wie sie Aschenputtel helfen.

Wenn man ______________ Mark in ______________ Goldesel wirft, spuckt er ______________ Schokoladentaler aus.

DEKLINATIONSTABELLEN

Eigenname (ohne Artikel)			
	Maskulinum	Femininum	Neutrum
Nominativ	MacCool	Bina	Rumpelstilzchen
Genitiv	MacCools	Binas	Rumpelstilzchens
Dativ	MacCool	Bina	Rumpelstilzchen
Akkusativ	MacCool	Bina	Rumpelstilzchen

Substantiv mit bestimmtem Artikel – Singular			
	Maskulinum	Femininum	Neutrum
Nominativ	der Ball	die Fee	das Schloss
Genitiv	des Balles	der Fee	des Schlosses
Dativ	dem Ball	der Fee	dem Schloss
Akkusativ	den Ball	die Fee	das Schloss

Substantiv mit bestimmtem Artikel – Plural			
	Maskulinum	Femininum	Neutrum
Nominativ	die Bälle	die Feen	die Schlösser
Genitiv	der Bälle	der Feen	der Schlösser
Dativ	den Bällen	den Feen	den Schlössern
Akkusativ	die Bälle	die Feen	die Schlösser

Substantiv mit unbestimmtem Artikel – Singular			
	Maskulinum	Femininum	Neutrum
Nominativ	ein Ball	eine Fee	ein Schloss
Genitiv	eines Balles	einer Fee	eines Schlosses
Dativ	einem Ball	einer Fee	einem Schloss
Akkusativ	einen Ball	eine Fee	ein Schloss

Substantiv mit unbestimmtem Artikel – Plural
Im Deutschen gibt es im Plural keinen unbestimmten Artikel. Der Artikel wird bei unbestimmten Substantiven einfach weggelassen. Die Endungen für diese Wörter kannst du aus der Deklinationstabelle „Substantiv mit bestimmtem Artikel – Plural“ ersehen.

MIT WEM ODER GEGEN WEN?

Präpositionen (Verhältniswörter) und ihre Kasus (Fälle)

Nach dem Besuch im Märchengarten haben MacCool und Bina Hunger bekommen. Sie beschließen deshalb, eine Imbissstube zu besuchen und eine Bratwurst zu essen.

Bina: Diese Bratwurst schmeckt wirklich gut. Aber vielleicht kannst du mir, während wir hier so sitzen und essen, noch ein bisschen über die deutsche Grammatik erzählen.

MacCool: Mir schmeckt's ebenfalls ganz super. Ja, also um auf die Grammatik zurückzukommen: Eine ziemlich wichtige Sache sind auch die Präpositionen oder Verhältniswörter. Die hängen nämlich eng mit den Fällen zusammen.

Bina: Wozu braucht man denn so eine Präposition oder ein Verhältniswort?

Wo oder wann, das weiß ich schon, sagst du mir die Präposition.

MacCool: Man braucht einige von ihnen, wenn man beschreiben will, wo sich etwas befindet oder wohin sich etwas bewegt. Andere Präpositionen wiederum beziehen sich auf einen Zeitraum oder auf die Beziehung zwischen Menschen oder Gegenständen.

Bina: Wie meinst du denn das? Das verstehe ich so nicht. Vielleicht kannst du es mir an ein oder zwei Beispielen erklären.

MacCool: Hm! Ja, natürlich! Also, der Senf hier, der befindet sich da, wo er hingehört, nämlich **auf** meiner Bratwurst. „Auf" ist folglich so eine Präposition, die hilft, einen Ort zu beschreiben.

Die Präpositionen

Präpositionen heißen auch Verhältniswörter, weil sie ein Verhältnis beschreiben, das ein Substantiv zu einem anderen hat.

Die Serviette liegt **auf** dem Tisch.

„Auf" beschreibt, wo die Serviette liegt. Sie liegt nicht „unter", nicht „neben" sondern eben „auf" dem Tisch.

Präpositionen oder Verhältniswörter

Bina: Aha! Und welche Präpositionen beschreiben einen Zeitraum? Und welche Präpositionen Beziehungen?

MacCool: Nun. Einen Zeitraum beschreiben „ab", „bis" oder „seit". Und um Beziehungen zu bezeichnen, verwendet man unter anderem die Präpositionen „gegen", „mit" oder „für".

Beziehungen oder Verhältnisse der Präpositionen

Präpositionen beschreiben:

1. einen **Ort** oder **Raum.**

auf, unter, hinter, neben, vor, durch …

2. einen **Zeitraum** oder **Zeitpunkt.**

ab, bis, seit, während, die ganze Zeit …

3. **Beziehungen.**

gegen, mit, für, trotz, ohne, außer …

Sie beschreiben: Ort oder Raum,

Zeitraum oder Zeitpunkt,

Beziehungen.

Bina: Das ist ja dann nicht weiter schwierig. Oder verändern die Präpositionen etwa auch ihre Endungen?

MacCool: Nein. Die Präpositionen selbst sind unveränderlich. Sie verändern dafür aber die Substantive, bei denen sie stehen. Jede Präposition zieht nämlich einen bestimmten Fall nach sich.

Präpositionen und ihre Kasus

„Eine Präposition regiert einen Fall!"

Die Präpositionen selbst sind unveränderlich.
Bei allen Präpositionen aber müssen die nachfolgenden Substantive in bestimmten **Fällen** stehen; man sagt auch, „eine Präposition regiert einen Fall".

Ich bin **bei meinem Vater**.

Daraus folgt:
Die Präposition „bei" regiert den Dativ.

Bina: Ja, natürlich! Jetzt fällt es mir erst auf! Du sagtest „auf meiner Bratwurst"! Das ist doch ein Dativ, oder?

MacCool: Ja, und zwar, weil du in diesem Fall fragen könntest: „Wo ist der Senf?"
Wenn du dagegen fragen würdest: „Wohin gehen wir?", und die Antwort wäre zum Beispiel: „Wir gehen morgen ins Schwimmbad", dann müsste der Akkusativ stehen.

Bina: Wie soll ich aber nun wissen, welcher Fall nach welcher Präposition stehen muss?

MacCool: Am Ende dieses Kapitels ab Seite 45 findest du eine Übersicht, in der alle wichtigen Präpositionen mit ihren Fällen aufgelistet sind. Da kannst du immer nachsehen, wenn du in einem Fall unsicher bist.

■ Übung 1 ■

B

Bei den folgenden berühmten Buchtiteln sollst du jeweils die richtige Präposition ergänzen. *Ein kleiner Hinweis:* Du solltest immer daran denken, dass oft ein bestimmter Artikel mit einer Präposition verschmolzen wird. Das heißt, „in dem" wird zu „im", „an dem" wird zu „am" und so weiter.
Und noch etwas: Auch wenn du einmal einen Buchtitel nicht kennst, versuch es trotzdem!

**in dem → im,
an dem → am,
zu dem → zum
usw.**

Beispiel: Der Schatz ________________ Silbersee
Der Schatz ____im____ Silbersee

Alles ________________ Räuber Hotzenplotz

Die Kinder ________________ Bullerbü

Alice ________________ Wunderland

Pippi ________________ Taka-Tuka-Land

________________ wilde Kurdistan

Die Kinder ________________ der Krachmacherstraße

Übung 2

MacCool kauft eine Bratwurst

Setze in der folgenden kleinen Geschichte die fehlenden Präpositionen ein. Denke auch daran, dass ein Artikel mit der Präposition verschmelzen kann.
Übrigens: Manchmal sind auch verschiedene richtige Lösungen möglich.

Als MacCool die Imbissstube betrat, bemerkte er __________ Entsetzen, dass sich __________ der Theke eine lange Schlange gebildet hatte.

„Da kann man nichts machen!", dachte MacCool und stellte sich __________ das Ende der Schlange. __________ zehn Minuten war er dann endlich __________ der Reihe. „Ich hätte gern eine Bratwurst __________ viel Senf!", bestellte er.

„__________ Brötchen oder __________ Brot?", fragte die Bratwurstverkäuferin.

„__________ Brot, bitte!"

__________ dem Schild __________ der Theke hatte MacCool schon gelesen, dass eine Bratwurst drei Mark kostete. Er nahm deshalb drei Markstücke __________ seinem Geldbeutel und legte sie __________ die Theke.

„Oh, prima, du hast es sogar passend!", freute sich die Verkäuferin und gab MacCool seine Wurst. Er nahm die Wurst und setzte sich __________ ihr __________ den Tisch __________ der Ecke.

So eine Wurst schmeckt besonders gut, wenn man sie __________ leerem und knurrendem Magen isst!

Die wichtigsten Präpositionen mit ihren Kasus

In der folgenden Übersicht sind die am häufigsten gebrauchten Präpositionen mit den Fällen aufgeführt, die sie „regieren“. Weniger übliche Wendungen, wie zum Beispiel der Gebrauch des Genitivs mit der Präposition „diesseits“, wurden weggelassen.

Präposition	Fall	Beispiel
ab	1. mit Dativ; 2. mit Akkusativ	1. ab vierzehn Jahren; 2. seltener: ab vierzehn Jahre
abseits	mit Genitiv	abseits der großen Städte
abzüglich	1. mit Genitiv; 2. mit Dativ	1. abzüglich der freien Tage; 2. abzüglich Getränken (ohne Artikel)
an	1. mit Dativ; 2. mit Akkusativ	1. auf die Frage: wo? am Neckar; 2. auf die Frage: wohin? an die Ostsee
angesichts	mit Genitiv	angesichts des Regens
anhand	mit Genitiv	anhand des Stadtplans
anlässlich	mit Genitiv	anlässlich des Volksfests
anstatt	1. mit Genitiv; 2. mit Dativ	1. anstatt der Wurst; 2. anstatt Kartoffeln (ohne Artikel)
anstelle	mit Genitiv	anstelle der Majonäse
auf	1. mit Dativ; 2. mit Akkusativ	1. auf die Frage: wo? auf meinem Brötchen; 2. auf die Frage: wohin? auf deinen Hamburger
aufgrund	mit Genitiv	aufgrund der Verspätung
aus	mit Dativ	aus deinem Buch
ausschließlich	1. mit Genitiv; 2. mit Dativ	1. ausschließlich der Ferien; 2. ausschließlich Ausflügen (ohne Artikel)

Präposition	Fall	Beispiel
außer	1. mit Dativ; 2. mit Akkusativ; 3. mit Genitiv	1. außer dem Salat; 2. außer Zusammenhang (ohne Artikel); 3. außer Landes gehen (mit bestimmten Verben)
außerhalb	mit Genitiv	außerhalb des Hauses
bei	mit Dativ	beim Mittagessen
betreffend	mit Akkusativ	dich betreffend
betreffs	mit Genitiv	betreffs der großen Ferien
bezüglich	mit Genitiv	bezüglich seiner Fragen
binnen	mit Dativ (auch mit Genitiv)	binnen einem Monat (auch: binnen eines Monats)
bis	mit Akkusativ	bis diesen Freitag
dank	1. mit Genitiv; 2. mit Dativ	1. dank seiner Leistungen (bei Substantiven im Plural); 2. dank seinem Appetit (bei Substantiven im Singular)
diesseits	mit Genitiv	diesseits des großen Teichs
durch	mit Akkusativ	durch den breiten Bach
einschließlich	1. mit Genitiv; 2. mit Dativ	1. einschließlich des Lehrers; 2. einschließlich Lehrern (ohne Artikel)
entgegen	mit Dativ	entgegen deiner Behauptung
entlang	1. mit Akkusativ; 2. mit Genitiv; 3. mit Dativ	1. nach dem Substantiv: den Weg entlang; 2. vor dem Substantiv: entlang des Wegs; 3. entlang dem Weg
entsprechend	mit Dativ	entsprechend deinem Wunsch
exklusive (ausschließlich)	1. mit Genitiv; 2. mit Dativ	1. exklusive des Fahrpreises; 2. exklusive Fahrpreisen (ohne Artikel)
fern	mit Dativ	fern dem Heimatland
für	mit Akkusativ	für den großen Hunger

Präposition	Fall	Beispiel
gegen	mit Akkusativ	gegen den Strom
gegenüber	mit Dativ	gegenüber dem ersten Mal
gemäß	mit Dativ	seinem Brief gemäß; gemäß seinem Brief
halber	mit Genitiv	der Vollständigkeit halber
hinsichtlich	mit Genitiv	hinsichtlich des Inhalts
hinter	1. mit Dativ; 2. mit Akkusativ	1. auf die Frage: wo? hinter dem Tisch; 2. auf die Frage: wohin? hinter den Tisch
in	1. mit Dativ; 2. mit Akkusativ	1. auf die Frage: wo? in der Hand; 2. auf die Frage: wohin? in die Hand
infolge	mit Genitiv	infolge des Frosts
inklusive (einschließlich)	1. mit Genitiv; 2. mit Dativ	1. inklusive der Lehrerschaft; 2. inklusive Lehrern (ohne Artikel)
inmitten	mit Genitiv	inmitten der Vogelschar
innerhalb	1. mit Genitiv; 2. mit Dativ	1. innerhalb einer Woche; 2. innerhalb fünf Monaten (ohne Artikel)
je	mit Akkusativ	je einen Bogen Papier
jenseits	mit Genitiv	jenseits der Galaxie
kraft	mit Genitiv	kraft seines Amtes
längs	1. mit Genitiv; 2. mit Dativ	1. längs des Flurs; 2. längs dem Geländer des Balkons (mit 2. Substantiv im Genitiv)
längsseits	mit Genitiv	längsseits des Schiffs
laut	1. mit Genitiv; 2. mit Dativ	1. laut des letzten Funkspruchs; 2. laut ärztlichem Gutachten
links	mit Genitiv	links des Rheins
mangels	1. mit Genitiv; 2. mit Dativ	1. mangels besseren Wissens (mit dekliniertem Adjektiv); 2. mangels Beweisen (ohne Artikel oder Adjektiv)

Präposition	Fall	Beispiel
mit	mit Dativ	mit meinem eigenen Geld
mitsamt	mit Dativ	mitsamt der ganzen Familie
mittels	1. mit Genitiv; 2. mit Dativ	1. mittels eines Telefongesprächs; 2. mittels Fernflügen (ohne Artikel)
nach	mit Dativ	nach dem Frühstück
nahe	mit Dativ	nahe dem Untergang
neben	1. mit Dativ; 2. mit Akkusativ	1. auf die Frage: wo? neben dir; 2. auf die Frage: wohin? neben dich
nebst	mit Dativ	nebst seinem Vater
oberhalb	mit Genitiv	oberhalb des kleinen Berges
ohne	mit Akkusativ	ohne deine Hilfe
per	mit Akkusativ	per verkauften Becher
pro	mit Akkusativ	pro Person
rechts	mit Genitiv	rechts der Milchstraße
samt	mit Dativ	samt dem Besteck
seit	mit Dativ	seit drei Jahren
seitens	mit Genitiv	seitens der Ladenbesitzer
seitlich	mit Genitiv	seitlich des Schlosses
statt	1. mit Genitiv; 2. mit Dativ	1. statt der großen Kälte; 2. statt Atomkraftwerken (ohne Artikel)
trotz	1. mit Genitiv; 2. mit Dativ	1. trotz des schlechten Wetters; 2. trotz allem (ohne Artikel)
über	1. mit Dativ; 2. mit Akkusativ	1. auf die Frage: wo? über dem Kopf; 2. auf die Frage: wohin? über den Kopf
um	mit Akkusativ	um den ganzen Planeten
unter	1. mit Dativ; 2. mit Akkusativ	1. auf die Frage: wo? unter dem Tannenbaum; 2. auf die Frage: wohin? unter den Tannenbaum

Präposition	Fall	Beispiel
unterhalb	mit Genitiv	unterhalb des Polarsterns
unweit	1. mit Genitiv; 2. mit Dativ	1. unweit des Gartens; 2. unweit dem Garten des Hauses (mit 2. Substantiv im Genitiv)
von	mit Dativ	von keinem anderen
vor	1. mit Dativ; 2. mit Akkusativ	1. auf die Frage: wo? vor dem Eingang; 2. auf die Frage: wohin? vor den Eingang
während	1. mit Genitiv; 2. mit Dativ	1. während des Films; 2. während Spielbergs neuem Film (mit 2. Substantiv im Genitiv)
wegen	1. mit Genitiv; 2. mit Dativ	1. wegen ihres Traums; 2. wegen Binas Traum (ohne Artikel)
wider	mit Akkusativ	wider den tierischen Ernst
zeit	mit Genitiv	zeit seines Lebens
zu	mit Dativ	zu keiner Zeit
zufolge	1. mit Genitiv; 2. mit Dativ	1. vor dem Substantiv: zufolge seines Berichts; 2. nach dem Substantiv: seinem Bericht zufolge
zugunsten	1. mit Genitiv; 2. mit Dativ	1. vor dem Substantiv: zugunsten unseres Freundes; 2. nach dem Substantiv: unserem Freund zugunsten
zuwider	mit Dativ	ihm zuwider
zuzüglich	mit Genitiv	zuzüglich des Extrapunkts
zwecks	mit Genitiv	zwecks des Genusses
zwischen	1. mit Dativ; 2. mit Akkusativ	1. auf die Frage: wo? zwischen ihm und mir; 2. auf die Frage: wohin? zwischen die beiden

WIE IST DAS?

Das Adjektiv (Eigenschaftswort oder Wiewort)

Bina und MacCool sind heute im Schwimmbad. Nachdem sie eine ganze Zeit im Wasser herumgetobt haben, setzen sie sich auf den Beckenrand.

Bina: Auf Grammatika gibt es nur Seen, in denen man toll schwimmen kann, aber keine Schwimmbäder mit so einer Super-Wasserrutschbahn. Die ist ja wirklich der Hammer!

MacCool: Stimmt! Ich war mir auch sicher, dass du es hier gut findest. Aber wie sieht es aus? Wollen wir noch ein bisschen über Grammatik reden?

Bina: Klar! Wir haben uns ja jetzt ausgetobt, da können wir schon noch ein bisschen den Geist anstrengen.
Was nehmen wir heute durch? Hast du schon einen Vorschlag?

Adjektiv oder Eigenschaftswort oder „Wiewort"

MacCool: Habe ich. Ich würde sagen, wir nehmen uns heute mal das Adjektiv oder Eigenschaftswort vor. In den unteren Klassen sagen die Kinder auch „Wiewort" dazu.

Bina: Sicher weißt du auch gleich wieder ein gutes Beispiel.

MacCool: Klar! Also zum Beispiel, als wir vorhin das erste Mal ins Becken gerutscht sind, da hast du gesagt: „Puh, ist das Wasser aber kalt!" „Kalt" ist eine Eigenschaft des Wassers. Und um herauszufinden, welches Wort das Adjektiv ist, fragt man zum Beispiel: Wie ist das Wasser?

Das Adjektiv

Das **Adjektiv** heißt auch Eigenschaftswort oder Wiewort.

kalt, warm, klar, schmutzig, tief …

Übung 1

A

Schreibe zehn weitere Adjektive in dein Heft.

Bina: Deshalb heißt es auch Wiewort. Ist eigentlich logisch. Wie ist es jetzt aber beim Adjektiv mit den Endungen und den Fällen?

MacCool: Die werden genauso gebildet wie die der Artikel. Nimm zum Beispiel den Satz: „Ich springe in das kalte Wasser."
Nun ist die Sache oft etwas schwieriger, weil nämlich der Artikel und das Adjektiv in den meisten Fällen nicht die gleiche Endung haben, wie in dem Satz: „Wir schwimmen in einem großen Schwimmbecken."

Artikel und Adjektiv haben oft nicht die gleiche Endung.

Bina: Ich würde vorschlagen, dass wir das gründlich üben, damit ich es ebenfalls in den Griff bekomme.

Die Deklination (Beugung) des Adjektivs

Adjektive richten sich in ihren Endungen nach dem dazugehörigen Substantiv.

Adjektive bilden eigene Endungen, das heißt: je nachdem, ob sie ein Maskulinum, ein Femininum oder ein Neutrum begleiten und in welchem Fall dieses Substantiv steht.

Nominativ: der hohe Sprungturm (m)
Dativ: der kalten Dusche (f)
Genitiv: des nassen Handtuchs (n)

Auch im **Plural** richten sich Adjektive in ihren Endungen nach dem Substantiv, das sie näher beschreiben.

Nominativ: die hohen Sprungtürme (m)
Dativ: den kalten Duschen (f)
Genitiv: der nassen Handtücher (n)

A

Übung 2

Dekliniere die folgenden Ausdrücke durch alle Fälle hindurch.

N.: Nominativ
G.: Genitiv
D.: Dativ
A.: Akkusativ

Beispiel:

	Singular	**Plural**
N.:	der ängstliche Junge	die ängstlichen Jungen
G.:	des ängstlichen Jungen	der ängstlichen Jungen
D.:	dem ängstlichen Jungen	den ängstlichen Jungen
A.:	den ängstlichen Jungen	die ängstlichen Jungen

Mache das Gleiche mit den folgenden Ausdrücken:

die mutige Schwimmerin, der neue Bademeister, der alte Badeanzug, die blaue Badehose, das gelbe Handtuch.

MacCool: Klar, wir üben nachher noch mehr. Kein Problem! Aber ich muss dir noch etwas Wichtiges zum Adjektiv sagen: Man kann Adjektive auch steigern.

Adjektive kann man auch steigern.

Bina: Was meinst du denn damit?

MacCool: Na ja, schau mal, wenn ich jemandem dieses Schwimmbad beschreiben würde, dann würde ich sagen: Das Sprungbecken ist groß und das Nichtschwimmerbecken ist sogar noch größer. Aber das größte von allen ist das Schwimmerbecken. Dabei habe ich das Adjektiv „groß“ gesteigert:
groß, größer, das größte.

groß, größer, das größte

Die erste Form nennt man auch Positiv oder Grundstufe. Normalerweise wird in der ersten Steigerungsstufe dann ein *„-er“* angehängt. Man nennt diese zweite Form auch Komparativ oder Höherstufe.

Die drei Stufen der Steigerung

Bina: Und die dritte Form, hat die auch einen bestimmten Namen? Das war doch „das größte Schwimmbecken“, oder?

MacCool: Ja, logisch. Sie heißt Superlativ oder Höchststufe.

Die Komparation (Steigerung) des Adjektivs

Komparation oder Steigerung

Die **Komparation** des Adjektivs heißt auch **Steigerung.**
Der Name kommt von dem lateinischen Wort „comparare", was „vergleichen" bedeutet.

Die Komparations- oder Steigerungsstufen

Positiv oder Grundstufe

Es gibt **drei Komparations-** oder **Steigerungsstufen:**
1. Die Grundstufe nennt man den **Positiv.** Das ist die Normalform eines Adjektivs.

langweilig

1. Stufe: Komparativ oder Höherstufe

2. Die erste Steigerungsstufe oder Höherstufe oder auch Mehrstufe heißt der **Komparativ.**
Hier werden Gegenstände oder Lebewesen miteinander verglichen.

langweiliger

2. Stufe: Superlativ oder Höchststufe

3. Die zweite Steigerungsstufe oder Hochststufe oder auch Meiststufe nennt man den **Superlativ.**
Bei dieser Form handelt es sich um die höchste Steigerungsmöglichkeit eines Adjektivs.

am langweiligsten (oder: der langweiligste Lehrer)

Die meisten Adjektive werden gesteigert, indem im Komparativ die Endung *„-er"* angehängt wird.
Im Superlativ wird die Endung *„-st"* und die Endung des *jeweiligen Falls* angehängt. Außerdem wird das Wörtchen *„am"* oder ein Artikel – *der, die, das* oder *ein, eine, ein* – davor gesetzt.

▪ Übung 3 ▪

A

Steigere die folgenden Adjektive.

Beispiele: schön, schöner, am schönsten
groß, größer, am größten

Mache es genauso mit folgenden Adjektiven: freundlich, niedlich, klein, dünn, dick, schnell, langsam, interessant.

freundlich ____________________

niedlich ____________________

klein ____________________

dünn ____________________

dick ____________________

schnell ____________________

langsam ____________________

interessant ____________________

Bina: Aha! Und ist das normal für so eine Steigerung, dass sich dabei der Vokal in einen Umlaut verwandelt?

MacCool: Nein, normal ist das nicht. „Groß“ ist eigentlich schon ein Adjektiv mit unregelmäßigen Steigerungsformen. Manchmal ist der Komparativ ein ganz anderes Wort und der Superlativ ist wieder ganz anders, wie zum Beispiel: „viel, mehr, am meisten“. Doch dazu kommen wir erst nach der nächsten Übung.

Übung 4

Steigere die folgenden Ausdrücke.

Beispiel: das schöne Handtuch, das schönere Handtuch, das schönste Handtuch

die kluge Maus, ______________________________

____

ein freundlicher Mann, ______________________________

____

der schlaue Hund, ______________________________

____

ein schneller Schwimmer, ______________________________

____

Unregelmäßige Komparationsformen

Unregelmäßige Steigerung

Manche Adjektive werden mehr oder weniger **unregelmäßig gesteigert.**

gut, besser, am besten
viel, mehr, am meisten
hoch, höher, am höchsten

▪ Übung 5 ▪

A

Steigere die folgenden unregelmäßigen Adjektive genauso, wie du in Übung 3 schon die regelmäßigen Adjektive gesteigert hast:

hoch, gut, nah.

Bina: Kann man eigentlich alle Adjektive steigern?

MacCool: Nein, nicht alle. Bei manchen würde es einfach keinen Sinn ergeben, wie zum Beispiel bei „einzig“ oder „tot“. Man kann schließlich nicht toter als tot sein.
Bei Begriffen, die sich nicht als ein Mehr oder Weniger denken lassen, sind Steigerungen nicht möglich.

Toter als tot, alleiner als allein, das gibt es nicht und kann nie sein.

Adjektive ohne Komparationsformen

Einige Adjektive können **nicht** gesteigert werden.

tot, einmalig, allein, doppelt, total, dreieckig ...

MacCool: Außerdem kann man Adjektive mit einem zusätzlichen Wort wie „weniger“ oder „viel“ weiter steigern, wie zum Beispiel: Das ist ein weniger gutes Ergebnis. Oder: Michael ist ein viel besserer Schwimmer als Stefan.

Komparation durch Ergänzung

Adjektive können durch **Ergänzungen** noch zusätzlich gesteigert werden.

Sie trägt ein **weniger** buntes Kleid als ihre Schwester.
Er hat einen **viel** schöneren Wasserball als ich.

Steigerung mit „weniger“ oder „viel“

A

■ Übung 6 ■

Steigere die folgenden Ausdrücke mithilfe von „viel“ oder „weniger“.

Beispiel: ein guter Taucher –
ein besserer Taucher –
ein viel besserer Taucher
oder: ein gelungenes Bild –
ein weniger gelungenes Bild –
ein gar nicht gelungenes Bild

ein pfiffiger Schüler (viel), ______________________________

____

eine schlagfertige Antwort (viel), ______________________________

____

eine dumme Frage (viel), ______________________________

____

ein trauriger Anlass (weniger), ______________________________

____

ein verständnisvoller Lehrer (weniger), ______________________________

____

ein vorsichtiger Radfahrer (viel), ______________________________

____

Endungen der gesteigerten Adjektive

Bina: Ist das jetzt alles, was dir zum Adjektiv einfällt?

MacCool: Hm! Vielleicht sollte man noch erwähnen, dass die Endungen der Adjektive im Komparativ und im Superlativ genauso gebildet werden wie im Positiv.

Deklination im Komparativ und im Superlativ

Deklination von Adjektiven

Adjektive im **Komparativ** oder im **Superlativ** werden genauso dekliniert wie Adjektive, die im **Positiv** stehen.

Eines **schönen** Tages konnte ich schwimmen.
(Positiv: Genitiv Singular Maskulinum)
Das Kind wählte den **schöneren** Luftballon.
(Komparativ: Akkusativ Singular Maskulinum)
In den **kältesten** Nächten des Januars kann man die meisten Sterne am Himmel sehen.
(Superlativ: Dativ Plural Femininum)

Übung 7

B

Bina erzählt MacCool einige interessante Dinge über das Universum. Gib zu den folgenden Sätzen die Steigerungsform, den Fall des jeweiligen Adjektivs und das Geschlecht an, außerdem, ob es im Singular oder im Plural steht. Das entsprechende Adjektiv ist immer hervorgehoben. *Vorsicht!* Sehr schwierig, nur für Profis!

Beispiel: Die **wichtigsten** Resultate aus jahrtausendelanger Forschung ermöglichen auch heute noch ein besseres Verstehen des Sternenhimmels.
Superlativ, Nominativ, Neutrum, Plural.

Unser Universum

Mit **großer** Präzision dreht sich die Erde um ihre eigene Achse.

Sonnenaufgang und Sonnenuntergang regulieren den hellen Tag und die dunkle Nacht, die **wesentlichsten** Perioden des menschlichen Tagesablaufs.

Schwächere Fixsterne sind mit bloßem Auge kaum noch wahrnehmbar.

Auf Sternkarten kannst du **veränderliche** Sterne sehen, die so genannt werden, weil sie ihre Helligkeit verändern.

Den **hellsten** Fixstern bezeichnet man als „Sirius".

Attribut und Prädikat werden in den „Satzarten" erklärt.

MacCool: Über den Unterschied eines Adjektivs als Attribut (Beifügung; *zum Beispiel:* das **trübe** Wetter) oder als Prädikat (Satzaussage; *zum Beispiel:* Das Wetter **ist trüb.**) wird ausführlicher in den „Satzarten" berichtet.
Ansonsten hätten wir das Wichtigste zum Thema „Adjektiv" besprochen und können jetzt noch einmal ausprobieren, ob wir das auch in der Praxis hinkriegen.

Halt, das hätte ich fast vergessen, weil es für mich schon ganz selbstverständlich ist: Adjektive schreibt man klein.

Übung 8

A

Setze die fehlenden Adjektive mit den richtigen Endungen ein.
Vorsicht: Manchmal stehen zwei Adjektive hintereinander!

Pack die Badehose ein!

An ________________ (heiß) Sommertagen geht jeder gern ins Schwimmbad. Man ist am besten schon zeitig am Morgen da, um einen ________________ (schön, schattig) Platz auf der Wiese zu ergattern. Wenn man Glück hat, bekommt man noch ein Eckchen unter einem der ________________ (hoch, alt) Bäume. Es gibt drei Schwimmbecken: zwei ________________ (groß) und ein ________________ (klein). Außerdem gibt es noch ein Plantschbecken für ganz ________________ (klein) Kinder. An ________________ (schulfrei) Tagen ist immer besonders viel Betrieb. Aber das ________________ (kühl) Nass macht doch immer wieder einen ________________ (riesig) Spaß!

Übung 9

A

Steigere die folgenden Adjektive. Schreibe die Formen in dein Heft. Denke daran, dass nicht alle Formen regelmäßig sind!

Beispiel: schön
schön, schöner, am schönsten

lieb, groß, klein, hoch, niedrig, lang, kurz, breit, tief, alt, jung, gut, schlecht, schön, heiß, warm, kalt, hässlich, modern, altmodisch, weich, hart, winzig, riesig, geheim, klug, sicher, grün, hell, dunkel.

A

■ Übung 10 ■

Setze die folgenden Ausdrücke in den Plural und schreibe sie in dein Heft.

Beispiel: der heiße Sommer
die heißen Sommer

der lange Winterabend, die warme Sommernacht, der schöne Nachmittag, die schwierige Klassenarbeit, der tolle Traum, die langweilige Schulstunde, die leichte Aufgabe, der ausdauernde Sportler

B

■ Übung 11 ■

Auf Grammatika hat alles eine andere Farbe als auf der Erde. Schreibe jeweils das Adjektiv in der richtigen Form in die Lücke.

(Rot) ________________ Kühe und (blau) ________________ Schafe grasen auf (violett) ________________ Wiesen. Die Hunde haben alle entweder (gelb) ________________ oder (schwarz) ________________ Fell. Nur einige kleine Hunderassen haben ein (schwarz-gelb gestreift) ________________ Fell. Die meisten Grammatikaner wohnen in (golden) ________________ Häusern mit (kupfern) ________________ Dächern. Gold, Silber und Kupfer sind nämlich auf Grammatika gar keine (selten) ________________ Metalle und deshalb auch ganz billig.

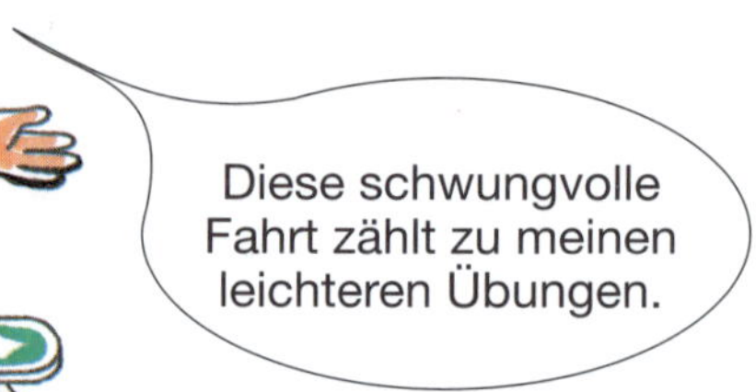

DEKLINATIONSTABELLEN

Substantiv mit bestimmtem Artikel und Adjektiv – Singular			
	Maskulinum	Femininum	Neutrum
Nominativ	der lange Tag	die kurze Nacht	das gute Jahr
Genitiv	des langen Tages	der kurzen Nacht	des guten Jahres
Dativ	dem langen Tag	der kurzen Nacht	dem guten Jahr
Akkusativ	den langen Tag	die kurze Nacht	das gute Jahr

Substantiv mit bestimmtem Artikel und Adjektiv – Plural			
	Maskulinum	Femininum	Neutrum
Nominativ	die langen Tage	die kurzen Nächte	die guten Jahre
Genitiv	der langen Tage	der kurzen Nächte	der guten Jahre
Dativ	den langen Tagen	den kurzen Nächten	den guten Jahren
Akkusativ	die langen Tage	die kurzen Nächte	die guten Jahre

Substantiv mit unbestimmtem Artikel und Adjektiv – Singular			
	Maskulinum	Femininum	Neutrum
Nominativ	ein langer Tag	eine kurze Nacht	ein gutes Jahr
Genitiv	eines langen Tages	einer kurzen Nacht	eines guten Jahres
Dativ	einem langen Tag	einer kurzen Nacht	einem guten Jahr
Akkusativ	einen langen Tag	eine kurze Nacht	ein gutes Jahr

Substantiv mit Adjektiv (ohne Artikel) – Plural			
	Maskulinum	Femininum	Neutrum
Nominativ	lange Tage	kurze Nächte	gute Jahre
Genitiv	langer Tage	kurzer Nächte	guter Jahre
Dativ	langen Tagen	kurzen Nächten	guten Jahren
Akkusativ	lange Tage	kurze Nächte	gute Jahre

WIE FLIEGST DU SCHNELL?

Das Adverb (Umstandswort)

MacCool und Bina beschließen nach den anstrengenden Übungen zum Adjektiv ein paar Runden zu schwimmen. Dann aber findet Bina, dass sie ruhig noch ein bisschen über Grammatik reden könnten, denn sie sei heute so richtig gut drauf.

Adverb oder Umstandswort

MacCool: Also gut, wenn du noch Lust hast, nehmen wir uns einmal das Adverb vor.

Bina: Das …? Wie bitte?

MacCool: Das Adverb oder das Umstandswort. Es gibt an, wo, wann, wie, warum oder auf welche Weise etwas geschieht.

Bina: Hm! Da musst du mir aber ein Beispiel sagen.

Adverbien beschreiben gut, wie man die Dinge macht oder tut.

MacCool: Klar! Also, wir sind doch vorhin um die Wette geschwommen. Da hast du gewonnen. Daher nehme ich an, dass du oft und gern schwimmst.
„Bina schwimmt oft und gern" bezeichnet also in diesem Fall keine Eigenschaft, die du immer hast, sondern beschreibt, wann und wie du schwimmst.

Bina: Aha! Lass mich mal überlegen. Also, vielleicht ist das so. Siehst du den Bademeister da vorn? Er steht immer am Beckenrand. Ist vielleicht „immer" dann das Adverb, weil es aussagt, wann oder wie häufig der Bademeister am Beckenrand steht?

MacCool: Ich bin beeindruckt. Du hast es tatsächlich schon wieder kapiert. Genau so ist es.

Das Adverb

Adverbien heißen auch Umstandswörter.
Sie beschreiben unter anderem, wo, wann, wie, warum oder auf welche Weise etwas geschieht oder getan wird.
Um herauszufinden, **ob es sich um ein Adverb handelt,** fragt man zum Beispiel mit:

1. **wohin?** oder **wo?** nach Adverbien des **Ortes**
wie: herunter, hinein, irgendwo, überall, bergauf, bergab usw.

Der kleine Junge fiel ins Wasser **hinein.** (Wohin?)
Nette Menschen gibt es **überall.** (Wo?)

2. **wie?** nach Adverbien der **Art und Weise**
wie: kopfüber, gern, kaum, ziemlich, völlig, vielleicht, sehr usw.

Er sprang **kopfüber** ins Wasser. (Wie?)

3. **wann?** nach Adverbien der **Zeit**
wie: bald, bisher, heute, noch, immer, gleich, spät usw.

Ich werde **morgen** verreisen. (Wann?)

4. **warum?** nach Adverbien des **Grundes**
wie: darum, deshalb, aufgrund, wegen usw.

Ich werde **deshalb** nicht kommen können. (Warum?)

Adverbien oder Umstandswörter

Übung 1

Unterstreiche bei den Sätzen unterhalb des Fotos jeweils die Adverbien. Findest du alle? Gar nicht so einfach, nicht wahr? Aber Profis nehmen jede Herausforderung an!

Da braut sich was zusammen …

Ein Gewitter zieht auf

Wenn ein Gewitter im Schwimmbad aufzieht, packen alle Leute eilig ihre Sachen zusammen. Sie rennen schnell zu irgendeinem Unterstand. Plötzlich zucken Blitze am dunklen Himmel. Diejenigen, die sich nicht rechtzeitig unterstellen, sind nach kurzer Zeit völlig durchnässt.
Gewitter im Hochsommer kommen häufig vor. Meistens sind sie schwer vorhersagbar. Auch der Wetterbericht täuscht sich ziemlich oft. Deshalb verlassen sich manche Leute nicht auf ihn.

Bina: Muss man bei den Adverbien auch wieder auf die Endungen achten?

MacCool: Nein, diesmal haben wir Glück. Adverbien sind unveränderlich. Aber einige von ihnen kann man steigern.

Bina: So wie die Adjektive?

MacCool: So ähnlich. Allerdings werden auch bei den Adverbien einige unregelmäßig gesteigert.

Die Komparation (Steigerung) des Adverbs

Einige **Adverbien** lassen sich **steigern.**

früh, früher, am frühesten *oder* frühestens

Manche dieser **Adverbien** werden **unregelmäßig** gesteigert.

bald, eher, am ehesten *oder* ehestens

Manche Adverbien werden unregelmäßig gesteigert.

▪ Übung 2 ▪

A

Steigere die folgenden Adverbien. *Vorsicht!* Es sind auch unregelmäßige Adverbien dabei!

Beispiel: wohl, wohler, am wohlsten

wenig, ______________________________

oft, ______________________________

spät, ______________________________

viel, ______________________________

MacCool: So, jetzt habe ich aber genug für heute. Gehen wir am besten heim und treffen uns morgen wieder.

Bina: Wo gehen wir denn morgen hin?

MacCool: Soviel ich weiß, hat das Volksfest angefangen. Das macht dir bestimmt auch Spaß, du wirst sehen!

Bina: Volksfest? Da bin ich aber gespannt!

BINA ODER SIE?

Das Pronomen (Fürwort)

MacCool und Bina sind heute auf dem Volksfest. Es gefällt ihnen sehr. Sie fahren mit der Achterbahn, mit der Geisterbahn und gehen auch in die „Mäusestadt". Nach so vielen Erlebnissen bekommen sie natürlich wieder einmal Hunger. Im „Imbissgarten" gleich neben der großen Schiffschaukel essen sie deshalb ein Fischbrötchen und trinken dazu einen Becher Limonade. Bina schlägt vor bei dieser Gelegenheit ein bisschen mit der Grammatik weiterzumachen.

Pronomen

MacCool: Na gut. Machen wir also weiter. Ich glaub', über das Pronomen haben wir noch nicht gesprochen.

Bina: Stimmt! Aber was ist denn ein „Pronomen"?

MacCool: Ein Pronomen ist ein Fürwort, das anstelle eines Substantivs verwendet werden kann. Sein Name kommt vom lateinischen „pro nomine", was „für den Namen" bedeutet.

Bina: Hm! Ohne Beispiel kann ich mir ehrlich gesagt nicht viel darunter vorstellen.

Personalpronomen

MacCool: Das ist diesmal schwierig, weil es so viele verschiedene Pronomen gibt. Aber nehmen wir einmal das Personalpronomen. Es heißt auch „persönliches Fürwort".
Statt „Bina fährt mit der Achterbahn" kann ich auch sagen: „Sie fährt mit der Achterbahn."

Bina: Und „sie" ist dann das Personalpronomen?

MacCool: Genau. Ich habe da aber noch eine schlechte Nachricht für dich.

Bina: Um Himmels willen! Na, dann rück halt raus damit.

MacCool: Die Pronomen werden fast alle verändert, das heißt dekliniert. Und ihre Formen sind zum Teil auch unregelmäßig.

Bina: Nun gut, das können wir eben nicht ändern. Es wird uns halt nichts anderes übrig bleiben, als die Formen zu lernen. Aber sag mal, wie viele Arten von Pronomen gibt es denn überhaupt?

MacCool: Ich zähle sie dir einmal auf. Das Personalpronomen oder persönliche Fürwort hatten wir ja schon erwähnt. Dann gibt es noch:

Weitere Pronomen

- das Possessivpronomen oder besitzanzeigende Fürwort, zum Beispiel mein, dein, sein usw.
- das indefinite oder unbestimmte Pronomen oder Fürwort, zum Beispiel jemand, niemand, man usw.
- das Demonstrativpronomen oder hinweisende Fürwort, zum Beispiel dieser, jener usw.
- das Interrogativ- oder Fragepronomen, zum Beispiel wer oder was.
- das Relativpronomen oder bezügliche Fürwort, zum Beispiel der, das, welches usw.
- das Reflexivpronomen oder rückbezügliche Fürwort, zum Beispiel sich, dich usw.

Das Pronomen

Pronomen heißen auch Fürwörter.

Pronomen heißen auch Fürwörter.
Sie können anstelle eines Substantivs verwendet werden.

„Die Wurst schmeckt gut."
„Sie schmeckt gut."

„Sie" steht hier für „die Wurst".
Es gibt:

- das **Personalpronomen** oder persönliche Fürwort, also: ich, du, er, sie, es, wir, ihr, sie.

Die Eltern schlafen. **Sie** schlafen.

▶ das **Possessivpronomen** oder besitzanzeigende Fürwort, also: mein, dein, sein, ihr, unser, euer, ihr.

Das ist die Wohnung von Jürgen.
Es ist **seine** Wohnung.

▶ das **indefinite Pronomen** oder unbestimmte Fürwort wie „jemand" oder „etwas".

Kannst du mir **etwas** Leckeres mitbringen?
Ist heute **jemand** Neues hier?

▶ das **Demonstrativpronomen** oder hinweisende Fürwort wie „dieser" oder „jene".

Diese Gruppe ist immer zuerst fertig,
jene andere dagegen immer zuletzt.

▶ das **Interrogativpronomen** oder Fragefürwort wie „wer?" oder „was?".

Wer hat meinen Hund gesehen?
Was hast du gesagt?

▶ das **Relativpronomen** oder bezügliche Fürwort wie „der", „die" oder „das".

Der Lehrer, **der** unseren Klassenlehrer heute vertreten hat, kann gut erklären.
Ihr wählt natürlich die Farbe aus, **die** euch am besten gefällt.

▶ das **Reflexivpronomen** oder rückbezügliche Fürwort wie „sich" oder „dich".

Sie hat **sich** zur Schulsprecherin wählen lassen.
Du hast **dich** am Bein verletzt.

DEKLINATIONSBEISPIELE FÜR PRONOMEN

Personalpronomen								
Nominativ	ich	du	er	sie	es	wir	ihr	sie
Genitiv	meiner	deiner	seiner	ihrer	seiner	unserer	eurer	ihrer
Dativ	mir	dir	ihm	ihr	ihm	uns	euch	ihnen
Akkusativ	mich	dich	ihn	sie	es	uns	euch	sie

Substantiv mit Possessivpronomen – Singular			
	Maskulinum	Femininum	Neutrum
Nominativ	mein Gewinn	deine Niete	sein Los
Genitiv	meines Gewinnes	deiner Niete	seines Loses
Dativ	meinem Gewinn	deiner Niete	seinem Los
Akkusativ	meinen Gewinn	deine Niete	sein Los

Substantiv mit Possessivpronomen – Plural			
	Maskulinum	Femininum	Neutrum
Nominativ	unsere Lutscher	eure Geisterbahnen	ihre Karussells
Genitiv	unserer Lutscher	eurer Geisterbahnen	ihrer Karussells
Dativ	unseren Lutschern	euren Geisterbahnen	ihren Karussells
Akkusativ	unsere Lutscher	eure Geisterbahnen	ihre Karussells

Substantiv mit Adjektiv und Demonstrativpronomen – Singular			
	Maskulinum	Femininum	Neutrum
Nominativ	dieser gebratene Fisch	diese leckere Wurst	dieses frische Brötchen
Genitiv	dieses gebratenen Fisches	dieser leckeren Wurst	dieses frischen Brötchens
Dativ	diesem gebratenen Fisch	dieser leckeren Wurst	diesem frischen Brötchen
Akkusativ	diesen gebratenen Fisch	diese leckere Wurst	dieses frische Brötchen

Substantiv mit Adjektiv und Demonstrativpronomen – Plural			
	Maskulinum	Femininum	Neutrum
Nominativ	diese gebratenen Fische	diese leckeren Würste	diese frischen Brötchen
Genitiv	dieser gebratenen Fische	dieser leckeren Würste	dieser frischen Brötchen
Dativ	diesen gebratenen Fischen	diesen leckeren Würsten	diesen frischen Brötchen
Akkusativ	diese gebratenen Fische	diese leckeren Würste	diese frischen Brötchen

B

Übung 1

Schreibe neben die folgenden Pronomen jeweils, um welches es sich handelt. *Vorsicht!* Megaharte Nuss!

Beispiel: niemand *indefinites Pronomen*

er ______________________________

dieses ______________________________

das ______________________________

jemand ______________________________

mich ______________________________

euer ______________________________

wessen? ______________________________

Bina: Wahnsinn! Das sind ja vielleicht viele Pronomen. Da haben wir jetzt aber ganz schön was zu tun, bis wir die so richtig draufhaben.

MacCool: Ja, das kann man wohl sagen. Üben wir am besten noch ein bißchen, bevor wir zur Schiffschaukel hinübergehen. Danach muss ich dann nach Hause.

Bina: Sehen wir uns morgen wieder?

MacCool: Ich glaube, morgen geht es schlecht. Da hat meine Oma Geburtstag. Aber am Montag können wir uns gerne wieder treffen. Und weißt du was? Da gehen wir dann in den Zoo. Dort gibt es alle möglichen Tiere aus der ganzen Welt.

Bina: Oh, das ist bestimmt sehr interessant. Da freue ich mich jetzt schon drauf.

▪ Übung 2 ▪

A

Auf dem Volksfest gibt es ganz tolle Sachen zu essen. Hier erfährst du, was MacCool und Bina am liebsten essen. Welcher Fall und welches Personalpronomen sind jeweils richtig? Ersetze die hervorgehobenen Wörter.

Beispiel: Bina isst gern **Zuckerwatte.**
Sie isst sie gern.

MacCool isst gern **gebrannte Mandeln.**
Bina und MacCool essen beide gern **Lebkuchenherzen.**
Bina isst gern **Vanilleeis.**
MacCool isst gern **türkischen Honig.**
Bina isst gern **Popcorn.**
Bina und MacCool essen beide gern **Schokoladenbananen.**

Die Geisterbahn ist eine beliebte Attraktion auf dem Volksfest

A

Übung 3

Auch auf Grammatika sind die Menschen manchmal vergesslich. Schreibe immer das passende Possessivpronomen vor den vergessenen Gegenstand.

Beispiel: Bobo hat ______________ Mütze vergessen.
Bobo hat ____seine____ Mütze vergessen.

Bina hat ______________ Mantel vergessen.

Der Lehrer hat ______________ Buch vergessen.

Binas Mutter hat ______________ Tasche vergessen.

Onkel Bilbo hat ______________ Schirm vergessen.

Tante Bora hat ______________ Taschentuch vergessen.

Binas Nachbar hat ______________ Handschuhe vergessen.

B

Übung 4

Setze bei den folgenden Sätzen jeweils das passende indefinite (unbestimmte) Pronomen „jemand“ oder „niemand“ ein. Ganz schön schwierig, oder? *Vorsicht!* Denk immer an die Endungen!

Beispiel: Ist ______________ da?
Ist ____jemand____ da?

Ich glaube nicht, denn es macht ______________ auf. Obwohl ich dachte, ich hätte ______________ am Fenster gesehen. Nun ja, wenn ______________ zu Hause ist, müssen wir eben wieder gehen. Vielleicht ist ja morgen ______________ da.

Übung 5

B

MacCool und Bina unterhalten sich über die verschiedenen Attraktionen auf dem Volksfest. MacCool erzählt beim Bummeln, welche Buden und Attraktionen er schon aus den vorigen Jahren kennt. Setze immer die richtige Form des Demonstrativpronomens „dieser“, „diese“ oder „dieses“ ein. Denke immer daran, dass sich die Endungen in den verschiedenen Fällen verändern. MacCool erzählt:

Beispiel: Mit ______________ Karussell bin ich schon gefahren.
Mit *diesem* Karussell bin ich schon gefahren.

Mit ______________ Geisterbahn bin ich schon gefahren.

Mit ______________ Autoskooter bin ich schon gefahren.

Mit ______________ Riesenrad bin ich schon gefahren.

An ______________ Wurfbude habe ich voriges Jahr einen Teddybär gewonnen.

In ______________ Kasperletheater gehen wir jedes Jahr.

In ______________ Varietee möchte ich heute mit dir gehen.

Autoskooter fahren macht eine Menge Spaß!

Abschlusstest zur Deklination

Bei diesem Test kannst du maximal 560 Punkte erreichen.

Wertung:

über 500 Punkte:	Superprofi!
400–500 Punkte:	Nicht schlecht. Das kann noch ganz toll werden.
300–400 Punkte:	Mittelmaß. Noch nicht begeisternd, aber gerade noch akzeptabel.
200–300 Punkte:	Na ja. Da fehlt noch einiges. Du solltest noch ein bisschen üben!
unter 200 Punkten:	Das sieht noch nicht so gut aus. Fang am besten noch mal von vorne an.

A

Test 1

Die folgenden Ausdrücke sind im Nominativ angegeben. Schreibe sie jeweils mit der richtigen Endung hinter die angegebene Präposition. Mit jedem richtigen Ausdruck kannst du 10 Punkte erreichen.

Du kannst insgesamt 100 Punkte erreichen.

1.	die großen Bäume	bei	____________________	10 Punkte
2.	der blinde Maulwurf	für	____________________	10 Punkte
3.	die kleine Katze	mit	____________________	10 Punkte
4.	das flinke Mäuschen	über	____________________	10 Punkte
5.	die kreisenden Bussarde	unter	____________________	10 Punkte
6.	die überfüllte Autobahn	entlang	____________________	10 Punkte
7.	die spielenden Kinder	zu	____________________	10 Punkte
8.	das piepsende Küken	vor	____________________	10 Punkte
9.	der knarrende Schrank	hinter	____________________	10 Punkte
10.	die blühende Wiese	in	____________________	10 Punkte
				100 Punkte

Test 2

A

Binas Roboter „Kann-Alles“ muss zur Reparatur. In den folgenden Sätzen erfährst du, welche Teile nicht mehr richtig funktionieren. Ergänze die richtigen Endungen der Wörter. Es gibt wieder 10 Punkte für jeden richtigen Lösungssatz, also insgesamt 50 Punkte.

1. Seine quietschend______ Gelenk______ müssen geölt werden. — 10 Punkte

2. Man kann sein______ Greifzang______ nicht mehr öffnen. — 10 Punkte

3. Bei sein_______ Alarmknopf muss die Glühlampe ausgewechselt werden. — 10 Punkte

4. Alle sein______ Sensor______ sollte man überprüfen. — 10 Punkte

5. In sein______ Kopf sind ein paar Schrauben locker! — 10 Punkte

50 Punkte

B

Test 3

Welche Formen sind richtig? Kreuze sie jeweils an. Für jedes richtige Kreuz kannst du wieder 10 Punkte verbuchen, also insgesamt 140 Punkte. Manchmal musst du auch zwei oder drei Kreuze in einer Gruppe machen!

40 Punkte	☐ bein Essen	☐ in Garten	☐ aufs Wiese
	☐ beis Essen	☐ im Garten	☐ auf der Wiese
	☐ beim Essen	☐ ins Garten	☐ auf die Wiese
40 Punkte	☐ nach dem 1. Mai	☐ vor die Ferien	☐ ab der 2. Woche
	☐ nach den 1. Mai	☐ vor den Ferien	☐ ab die 2. Woche
	☐ nach des 1. Mais	☐ vor dem Ferien	☐ ab den 2. Woche
60 Punkte	☐ aus silbernem Tellern	☐ unter einen Dach	☐ als kleiner Bub
	☐ aus silbernen Tellern	☐ unter einem Dach	☐ als kleinen Buben
	☐ aus silberne Teller	☐ unter ein Dach	☐ als kleinem Bub
140 Punkte			

B

Test 4

Bina erzählt, wie man auf Grammatika lernt, ein Raumschiff zu steuern. Bestimme alle vorkommenden Pronomen (also Personalpronomen, Demonstrativpronomen usw.)! Gib dir wieder 10 Punkte für jedes richtig bestimmte Pronomen, das heißt, du kannst bei dieser Übung maximal 270 Punkte erreichen. Wirst du auch alle entdecken? Superschwierig! Nur für Ober-Cracks zu schaffen!

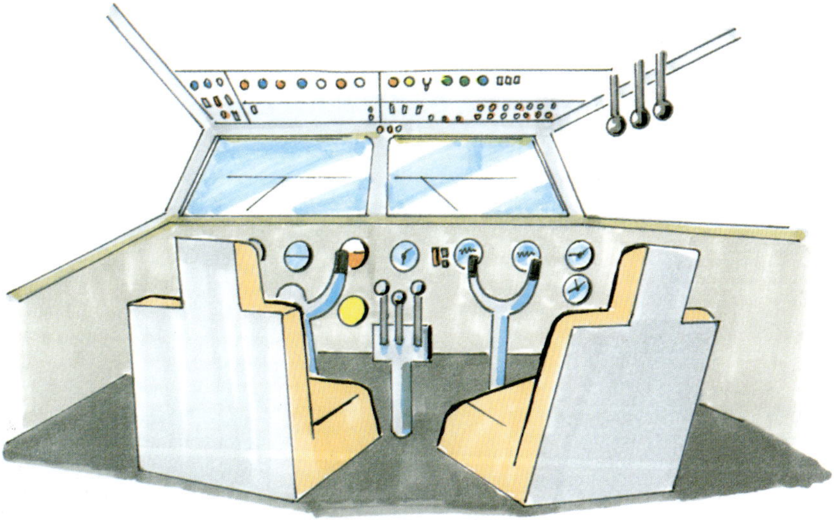

1.	Zuerst musst du an einem Flugsimulator üben.	10 Punkte
2.	Dieses Gerät ist gar nicht so einfach in den Griff zu bekommen.	10 Punkte
3.	Du stellst es dir bestimmt leichter vor, als es ist, denn du weißt nicht, wie fürchterlich solch ein Gerät schwankt.	40 Punkte
4.	Als ich das erste Mal im Flugsimulator saß, habe ich mich vor Schreck an die Sessellehne geklammert, als es plötzlich losging.	40 Punkte
5.	Aber der Bordcomputer, der ja dann auch das eigentliche Fliegen übernimmt, muss nur richtig programmiert werden, damit er sich auf dein Gewicht einstellen kann.	40 Punkte
6.	Dann hört das Schwanken sofort auf und du fängst an, dich an das Gerät zu gewöhnen.	20 Punkte
7.	Was für ein Gefühl das ist, wenn der Bordcomputer nach deiner Programmierung sagt: Operation gelungen?	20 Punkte
8.	Ein tolles Gefühl, das kann ich dir sagen!	30 Punkte
9.	Aber noch schöner ist es zum ersten Mal ein richtiges Raumschiff zu fliegen.	10 Punkte
10.	Das kann sich nur vorstellen, wer es selbst erlebt hat.	50 Punkte
		270 Punkte

WAS TUST DU DA?

Das Verb (Zeitwort oder Tätigkeitswort)

Heute sind MacCool und Bina im Zoo. Sie besuchen zuerst das große Aquarium und sehen sich die vielen verschiedenen Fischarten an. Danach gehen sie ins Nachttierhaus und zu den Affen. Da es sehr lustig ist, diesen bei ihren Späßen zuzusehen, beschließen sie sich auf der Bank vor dem Schimpansenkäfig etwas auszuruhen.

MacCool: Sollen wir jetzt ein bisschen mit unserer Grammatik weitermachen? Es gibt da noch eine Menge zu erklären. Oder hast du heute keine Lust?

Bina: Doch. Ich hab' schon Lust. Wir können dabei ja den Schimpansen weiter zusehen.

Verben

MacCool: Zusehen. Siehst du, das fehlt uns noch! Das Wort „zusehen" ist nämlich ein Verb. Und über die Verben haben wir bisher noch nicht gesprochen.

Bina: Das stimmt. Der Begriff kam noch nicht vor. Also, „zusehen", sagst du, ist solch ein Verb. Hm! Wäre dann das Wort „weggehen" auch ein Verb?

Ein Verb nennt dir die Tätigkeit, und das sogar in ihrer Zeit.

MacCool: Ja, genau! Verben beschreiben nämlich, was jemand tut. Deshalb sagen die Kinder in den unteren Klassen auch „Tätigkeitswörter" oder „Tunwörter" dazu.

Das Verb

Das **Verb** heißt auch Tätigkeitswort oder Tunwort, weil es ausdrückt, was getan wird oder was geschieht.

sehen, gehen, stehen, hören, sitzen, flehen …

Übung 1

A

Überlege dir noch zehn andere Verben und schreibe sie in dein Heft.

Bina: Aha! Aber da fällt mir auf: Es heißt doch „ich sage“, aber „du sagst“. Heißt das nicht, man muss hier auch verschiedene Endungen lernen?

MacCool: Stimmt! Das hast du gut kombiniert. Man muss tatsächlich andere Endungen bilden, je nachdem, welche Person gerade handelt. Erinnerst du dich noch, wie das Verändern der Endungen beim Substantiv hieß?

Konjugieren kannst du schon, doch achte auch auf die Person!

Bina: Du meinst doch die Deklination, oder?

MacCool: Genau. Und beim Verb nennt man es die „Konjugation“. Die Grundform heißt übrigens „Infinitiv“, und den Teil des Verbs, der unverändert stehen bleibt, nennt man seinen „Stamm“.

Konjugation
Infinitiv
Verbstamm

Der Infinitiv

Die Grundform des Verbs heißt **Infinitiv.**
Infinitive enden immer auf „*-n*“, häufig auch auf „*-en*“.

suchen, schütteln, wiehern, spielen, weinen, humpeln …

A

▪ Übung 2 ▪

Überlege dir jeweils fünf weitere Verben, die im Infinitiv
a) auf „*-en*“ enden.
b) auf „*-ln*“ enden.
c) auf „*-rn*“ enden.

Stamm und Endung einer Verbform

Eine regelmäßige Verbform besteht aus einem unveränderlichen **Stamm** und einer **Endung.**

schlafen: „*schlaf-*“ ist hier der Stamm und „*-en*“ die Endung.
murmeln: „*murmel-*“ ist hier der Stamm und „*-n*“ die Endung.
wickeln: *wickel-*“ ist hier der Stamm und „*-n*“ die Endung.

A

▪ Übung 3 ▪

Unterstreiche bei den folgenden Verben jeweils den Stamm.

Was man auch mit der Endung treibt, der Stamm stets unverändert bleibt.

laufen, singen, häkeln, tanzen, bekümmern, trällern, malen, tröpfeln, sammeln, kullern, verstümmeln, ändern, schimmeln, schlüpfen, sickern, meckern, fallen, sollen, wimmeln, trommeln, schillern, wimmern, zimmern, rütteln, vermitteln, besudeln, bemerken, wecken, wackeln, wirken, lindern, blinzeln, hecheln.

Bina: Kannst du mir da einmal ein Beispiel geben?

MacCool: Sicher! Schau doch mal den kleinen Schimpansen dort drüben an. Er klettert gerade an dem Seil hoch. „Klettert" ist hier bereits die konjugierte oder gebeugte Form, während der Infinitiv „klettern" heißt. Der unveränderliche Stamm des Verbs ist in diesem Fall *„kletter-"*. Denn ob ich sage „ich klettere", „du kletterst" oder „er klettert", der Stamm *„kletter-"* bleibt immer gleich. Aus den Konjugationstabellen im Anschluss an dieses Kapitel kannst du leicht die richtige Form heraussuchen.

→ Seite 103

Die Konjugation (Beugung des Verbs)

Das Anpassen der Verbform an die Person, die jeweils etwas tut, nennt man **Konjugation.**

Übung 4

A

Bilde alle Formen der Gegenwart von „klettern", also „ich klettere", „du kletterst" usw. Nimm hierzu die Konjugationstabellen zu Hilfe, die du im Anschluss an dieses Kapitel findest.

Unregelmäßige Verben

Bina: Na, so schwierig scheint das ja gar nicht zu sein. Werden die Formen immer gleich gebildet?

MacCool: Nein, leider nicht immer. Ein paar unregelmäßige Verben gibt es schon. Bei diesen kann sich auch der Stamm verändern, wie zum Beispiel bei „schlafen", wo es dann in der zweiten Person im Präsens „du schläfst" heißt. Diese Formen muss man halt lernen.

Präsens ist der lateinische Name der Gegenwart.

Unregelmäßige Verben

Manche **Verben** sind in ihren Formen **unregelmäßig.**

schlafen: ich schlafe, du schläfst …

Hier verwandelt sich in einigen Formen das „a“ in ein „ä“.
Oder:

nehmen: ich nehme, du nimmst …

Hier wird aus dem „e“ ein „i“ und aus der Dehnung eine Schärfung.

→ Seite 103

Andere Formen sind noch unregelmäßiger, wie du aus den Konjugationstabellen ab Seite 103 ersehen kannst.

dürfen: ich darf …, wir dürfen …

A

▪ Übung 5 ▪

Denke dir noch zehn andere Verben aus, bei denen sich ein Vokal in einen Umlaut verwandelt, so wie bei „schlafen“ im obigen Beispiel.

MacCool: Aber ich habe dir ja noch gar nicht gesagt, dass das Verb auch noch „Zeitwort“ heißt.

Bina: Wieso denn das?

MacCool: Weil das Verb nicht nur angibt, was getan wird oder geschieht, sondern auch, in welcher Zeit es passiert, mit anderen Worten: ob etwas gerade jetzt in der Gegenwart stattfindet oder ob es sich um einen Vorgang in der Vergangenheit handelt oder um einen Vorgang, der erst in der Zukunft stattfinden wird. Die Zeit wird also vor allem durch das Verb ausgedrückt.

Bina: Und um welche Zeit es sich gerade handelt, wird durch eine bestimmte Form des Verbs ausgedrückt?

Müsste es laut Konjugationstabellen in der Vergangenheit nicht heißen: „der Affe kletterte"?

MacCool: Doch. Das hast du wieder einmal toll kombiniert. Aber dies ist noch nicht alles. Denn erstens gibt es noch mehr Zeiten, die du auf den folgenden Seiten finden kannst und zweitens sind eine ganze Reihe von Verbformen unregelmäßig. Am Ende dieses Kapitels ab Seite 108 findest du deshalb auch eine Liste der häufigsten unregelmäßigen Verben.

Bina: Wie bildet man denn die Verbformen?

MacCool: Also, das Präsens und das Präteritum haben wir ja schon erwähnt. Und für das Perfekt und Plusquamperfekt brauchst du jetzt noch eine dritte Form, die man Partizip nennt. Wie diese Form zustande kommt, werden wir in einem eigenen Kapitel noch genauer besprechen. Jetzt möchte ich dir nur so viel sagen, dass das Partizip die dritte Form ist, die du in der Liste der unregelmäßigen Verben auch in der dritten Spalte findest. Die drei Verbformen in dieser Liste nennt man auch die Stammformen des Verbs.

Die Stammformen des Verbs

Die **Stammformen** des Verbs sind diejenigen Formen, die auch in der Liste der unregelmäßigen Verben aufgeführt sind.

→ Seite 108

zieht – zog – gezogen

Regelmäßige Verben haben ebenfalls solche Stammformen.

sagt – sagte – gesagt

Die erste Stammform ist die des **Präsens**, die zweite die des **Präteritums.** Die dritte Stammform nennt man **Partizip.** Man braucht diese Form, um zusammengesetzte Verbformen wie etwa das Perfekt oder das Plusquamperfekt zu bilden.

Die Zeitformen des Verbs

Das Präsens

Präsens = Gegenwart

Das **Präsens** ist die Gegenwartsform des Verbs.

Ich **lerne** gerade etwas Wichtiges über Verben.

Es kann sich aber auch auf etwas Zukünftiges beziehen.

Ich **gehe** morgen wieder in die Schule.

A

Übung 6

Überlege und entscheide jeweils, ob es sich bei den folgenden Handlungen um etwas Zukünftiges handelt oder ob sie in der Gegenwart stattfinden.
Schreibe ein „G“ für „Gegenwart“ oder ein „Z“ für „Zukunft“ hinter jeden der Sätze.

a) Heute sind MacCool und Bina im Zoo.
b) Morgen fahren wir in den Urlaub.
c) Nächste Woche feiern wir den Geburtstag unseres Großvaters.
d) Mein Bruder putzt gerade seine Zähne.
e) Ich habe jetzt keine Zeit.
f) Nächstes Jahr ziehen wir in eine andere Stadt.

Das Präteritum

Präteritum = erste oder einfache Vergangenheit

Das **Präteritum** oder **Imperfekt** heißt auch die erste oder einfache Vergangenheit. Diese Form bezieht sich auf eine Handlung oder ein Ereignis in der Vergangenheit.

Die Affen **ärgerten** sich gegenseitig.

Übung 7

A

Was sahen MacCool und Bina im Reptilienhaus?
Setze die folgenden Sätze ins Präteritum. *Aber Vorsicht!* Manche Verben sind unregelmäßig. Nimm am besten die Liste der unregelmäßigen Verben zu Hilfe, die du am Ende dieses Kapitels findest.

→ Seite 108

Beispiel: Das Krokodil bewegt sich nur selten.
Das Krokodil bewegte sich nur selten.

Im Reptilienhaus

a) Die Schlange hängt von einem Ast herunter.

____

b) Das Chamäleon verändert seine Farbe.

____

____

c) Der Frosch springt in den Teich.

____

d) Der Waran zeigt seine Zungenspitze.

____

e) Die Riesenschildkröte lässt sich den Hals kraulen.

____

____

f) Die Smaragdeidechse fängt eine Fliege.

____

____

Das Perfekt

Perfekt = zweite Vergangenheit

Das **Perfekt** ist die zweite Vergangenheit.
Es wird in den meisten Fällen verwendet um einen abgeschlossenen Vorgang oder eine abgeschlossene Handlung zu beschreiben. Das Ergebnis dieses Vorgangs ist aber für die Gegenwart immer noch wichtig.
Man nennt es deshalb auch „Ergebnis-Perfekt" oder „vollendete Gegenwart".

Er **hat** den Schlüssel gestern **gefunden.**

Das Wort „gestern" zeigt hier zusätzlich an, dass die Handlung abgeschlossen ist. In Süddeutschland verwendet man fast nur das Perfekt, wenn man etwas erzählt.

Sie **ist** in Italien im Urlaub **gewesen** und
hat dort viele Fotos **gemacht.**

Man bildet das **Perfekt** mit einer konjugierten Form von „sein" oder „haben" und dem Partizip Perfekt.
Verben, die eine Bewegung ausdrücken, wie beispielsweise „laufen" oder „rennen", bilden das Perfekt mit „sein".

Heute Morgen **ist** Bina schon bald **aufgestanden.**

In den Beispielen besteht das Perfekt aus den beiden hervorgehobenen Wörtern.

Übung 8

A

Setze die folgenden Sätze ins Perfekt.

Beispiel: Der Wärter holt die Elefanten herein.
Der Wärter hat die Elefanten hereingeholt.

Bei der Elefantenfütterung

a) Die Elefanten laufen eilig herein.

____

b) Sie sind schon sehr hungrig.

____

c) Aber zuerst baden sie.

____

d) Dann gibt der Tierpfleger ihnen ihr Futter.

____

e) Sie bekommen große Mengen Heu, Brot und Äpfel.

____

Das Plusquamperfekt

Die dritte Vergangenheit oder Vorvergangenheit heißt **Plusquamperfekt.**
Durch diese Form wird ausgedrückt, dass eine Handlung in der Vergangenheit abgeschlossen war, bevor eine andere begann. Es wird ähnlich wie das Perfekt gebildet, nur setzt man die konjugierte Form von „sein" oder „haben" in die Vergangenheit.

MacCool **hatte** noch niemals zuvor ein außerirdisches Wesen **getroffen,** als ihm eines Tages Bina begegnete.

Plusquamperfekt = Vorvergangenheit

Übung 9

Verbinde die folgenden Sätze und setze sie dabei ins Plusquamperfekt. Verwende dabei die Konjunktion (das Bindewort) „und", „als" oder „nachdem". *Vorsicht!* Manchmal muss „als" oder „nachdem" an den Satzanfang gestellt werden, ein anderes Mal steht es nach dem Komma. Vergleiche am Ende mit den Lösungen und wiederhole die Übung, wenn du mehr als zwei Fehler hattest.
Nur für Vollprofis! Sehr hoher Schwierigkeitsgrad!

Im Zoo kann man die Geschicklichkeit der Seelöwen bewundern

Beispiel: Ein Seelöwe ist gerade aufgewacht. MacCool und Bina kommen zum Robbenbecken.

Ein Seelöwe war gerade aufgewacht, als MacCool und Bina zum Robbenbecken kamen.

Am Robbenbecken

a) Das große Walross hat seinen Lieblingsplatz auf dem Felsen sofort verlassen. Es sah den Tierpfleger mit einem Eimer voller Fische kommen.

b) Das Walross bekam sein Futter. Der Tierpfleger gab den anderen Robben auch ihre Fischration.

____

____

c) Ein Seelöwe hat ein Kunststück vorgeführt. Er bekam einen Fisch dafür.

____

____

d) Die Seelöwen haben es geschafft Ringe aufzufangen. Sie bekamen Beifall dafür.

____

____

e) Alle Fische sind verfüttert worden. Der Tierpfleger ging wieder fort.

____

____

f) Der Tierpfleger ist wieder fortgegangen. Bina und MacCool gingen weiter.

____

____

Das Futur

Das **Futur** ist die Zukunftsform des Verbs.
Man unterscheidet die einfache Zukunft, das Futur I, und die vollendete Zukunft, das Futur II.

Futur = Zukunft

Futur I

Futur I = erste Zukunft

Das **Futur I** bezieht sich auf ein Ereignis, das zum Zeitpunkt des Sprechens noch nicht begonnen hat.

Die Löwen werden erst am Abend wieder gefüttert werden.

Das **Futur I** kann aber auch eine feste Absicht ausdrücken.

Ich werde morgen wiederkommen!

Oder es kann sich um einen Befehl handeln, der durch das **Futur I** ausgedrückt wird.

Das wirst du sofort aufräumen!

Man bildet das **Futur I** aus einer konjugierten Form des Verbs „werden" (z.B. „wird") und dem Infinitiv (z.B. „er wird gehen").

A

Übung 10

MacCool und Bina sind auf dem Weg ins Raubtierhaus. MacCool erzählt Bina, was sie wahrscheinlich erleben werden.

Setze die folgenden Sätze ins Futur I.

Beispiel: Wir sehen die Löwen.

Wir werden die Löwen sehen.

Im Raubtierhaus

a) Wir besuchen die Tiger.

____

b) Bestimmt steht eine große Menschenmenge vor dem schwarzen Jaguar.

____

c) Die Leoparden liegen auf ihren Hängebrettern.

____

d) Der Luchs geht wieder am Gitter auf und ab.

____

e) Der Wärter füttert gerade die Geparden.

____

f) Nächsten Monat bekommt der Zoo sogar einen Schneeleoparden.

____

Futur II

Futur II = zweite oder vollendete Zukunft

Mit dem **Futur II** kann Folgendes ausgedrückt werden:
1. eine **Vermutung,** wie eine abgeschlossene Handlung oder ein abgeschlossenes Ereignis in der Vergangenheit gewesen sein könnte.

Die Fledermaus **wird** den ganzen Tag **geschlafen haben.**

2. eine **Vermutung,** wie eine Handlung oder ein Ereignis in der Zukunft abgeschlossen werden wird.

Morgen um diese Zeit **werden** wir schon zu Mittag **gegessen haben.**

Man bildet das **Futur II** aus:
1. einer konjugierten Form von werden (z.B. „wird") und
2. einem Partizip Perfekt (z.B. „gegessen") und
3. dem Infinitiv von „haben" oder „sein".

Er wird gegessen haben.

Manchmal kann auch etwas Zukünftiges durch eine **Perfektform** ausgedrückt werden.

In einer Woche **habe** ich das Buch **ausgelesen** und kann es dir zurückgeben.

Übung 11

MacCool und Bina wollen nachher noch ins Nachttierhaus gehen. Was werden sie wohl zu erzählen haben, wenn sie wieder herauskommen? Setze die folgenden Sätze ins Futur II.

Beispiel: MacCool und Bina werden die Nachttiere sehen.
Sie werden Nachttiere gesehen haben.

Im Nachttierhaus

a) Die Flughunde werden sie mit ihren schrillen Schreien erschrecken.

Die Flughunde werden sie ______________________

____

b) Das Buschbaby wird sie mit seinen großen Augen ansehen.

____

____

c) Sie werden die großen Ohren des Wüstenfuchses bewundern.

____

d) Sie werden erleben, wie sich die Flughörnchen von Ast zu Ast schwingen.

____

e) Die seltsame Atmosphäre des Nachttierhauses wird sie beeindrucken.

____

f) Wenn sie das Nachttierhaus verlassen, wird es einige Zeit dauern, bis sich ihre Augen wieder ans Tageslicht gewöhnen.

____

____

Bina: Puh! Ich sehe schon, wir müssen auch hier wieder gewaltig üben, um dies alles in den Griff zu bekommen. Ist das jetzt eigentlich alles, was es zum Verb zu sagen gibt?

MacCool: Nein, leider immer noch nicht. Mit dem Verb kann man nämlich noch mehr machen. Man kann es auch ins Aktiv oder ins Passiv setzen.

Bina: Wie bitte? Schon wieder neue Ausdrücke!

Aktiv und Passiv

MacCool: Das lässt sich leider nicht ändern. Aber so schlimm ist es auch wieder nicht. Das „Aktiv" bezeichnet die Tatform und das „Passiv" die Leideform eines Verbs. Aber dazu schaust du dir am besten die folgenden Regelkästen und Tabellen an.

Bina: Das wird wohl wirklich das Beste sein. Da werden ja auch Beispiele gegeben, mit deren Hilfe einem das alles viel klarer wird.

Wußtest du schon, dass Fledermäuse mit dem Kopf nach unten hängend schlafen?

Das Aktiv

Aktiv oder „Tatform"

Das **Aktiv** heißt auch „Tatform".
Es beschreibt die Ereignisse im Hinblick auf denjenigen, der etwas tut. Es ist im Grunde die Normalform, die du meistens verwendest, wenn du mit jemandem sprichst.

Ich **führe** meinen Hund **spazieren.**

Das Passiv

Passiv oder „Leideform"

Das **Passiv** heißt auch „Leideform".
Es beschreibt die Ereignisse im Hinblick auf denjenigen, mit dem etwas getan wird.

Mein Hund **wird** von mir **spazieren geführt.**

Das Passiv gibt es in fast allen Zeitformen. Wie man die Passivformen richtig bildet, kannst du aus den Konjugationstabellen auf Seite 107 ersehen.

■ Übung 12 ■

B

Setze die folgenden Passivsätze ins Aktiv. Achte dabei auf die jeweilige Zeitform und nimm die Konjugationstabellen ab Seite 103 zu Hilfe.

Beispiel: Bina wird der Zoo von MacCool gezeigt.
MacCool zeigt Bina den Zoo.

a) Der Zaun wurde von dem Bison beschädigt.

____

b) Die Bären werden jetzt auch bald vom Tierpfleger gefüttert werden.

____

____

c) Das Stück Brot wird von der Silbermöwe aus dem Wasser gefischt.

____

____

d) Der kleine Pavian wird von seinem noch kleineren Bruder geärgert.

____

e) Eine Sonnenbrille wurde von den Erdmännchen in die Höhle geschleppt.

____

f) Die Fliege wird gleich von dem Chamäleon gefangen werden.

____

Übung 13

Löst du gerne Kreuzworträtsel?
Versuche dich mal hieran. Es kommt darauf an, Partizipformen von Verben zu finden.

senkrecht:

1. das Partizip des Verbs „geben"
2. das Partizip des Verbs „verehren"
3. das Partizip des Verbs „sehen"
4. das Partizip des Verbs „einweichen"

waagerecht:

5. das Partizip des Verbs „hören"
6. das Partizip des Verbs „essen"
7. das Partizip des Verbs „vertreiben"

Übung 14

B

Hat dir das Kreuzworträtsel Spaß gemacht? Dann versuche doch gleich mal, ob du auch das folgende Silbenrätsel lösen kannst. Es ist allerdings nicht ganz so einfach. Hier geht es nämlich um die lateinischen Namen, die du im Zusammenhang mit den Verben gelernt hast. Zu dem deutschen Namen, der jeweils angegeben ist, muss jeweils der lateinische gefunden werden.

Verwende die folgenden Silben:

ak – fekt – fekt – fu – fu – ga – ju – kon – on – pas – per – per – plus – prä – prä – quam – ri – sens – siv – te – ti – tiv – tum – tur – tur – zwei

a) die Gegenwart

____

b) die einfache Vergangenheit

____

c) die Vorvergangenheit

____

d) die vollendete Vergangenheit

____

e) die Zukunft

____

f) die Vergangenheit in der Zukunft

____

g) die Beugung der Verbformen

____

h) die Tatform

____

i) die Leideform

____

Übung 15

Kannst du die Formen bestimmen und den Infinitiv finden? Dann versuche mal, die folgende Tabelle auszufüllen, wie es in den Beispielen gezeigt wird.
Um dir den Beginn mit dieser Art von Übungen zu erleichtern, haben wir erst einmal nur Formen im Präsens gewählt.

Beispiele:

Verbform (Präsens)	Bestimmung der Form	Infinitiv
sie machen	3. Person Plural	machen
er isst	3. Person Singular	essen

Nun bist du an der Reihe. Fülle die folgende Tabelle aus!

Verbform (Präsens)	Bestimmung der Form	Infinitiv
ich höre		
sie sieht		
du willst		
ihr kommt		
wir gehen		
es regnet		
sie können		
ich bin		
du hast		
ihr singt		

Übung 16

A

Jetzt versuchen wir es einmal andersherum. Gegeben ist nun eine Bestimmung und du sollst die Verbform dazu herausfinden. Lies dir vorher die Beispiele genau durch. Auch diesmal stehen alle Verben im Präsens.

Beispiele:

Bestimmung der Verbform und ihr Infinitiv	Verbform (Präsens)
1. Person Plural von *trinken*	wir trinken
2. Person Singular von *laufen*	du läufst

Nun versuche es selbst. Fülle die Tabelle aus!

Bestimmung der Verbform und ihr Infinitiv	Verbform (Präsens)
1. Person Plural von *schreien*	
2. Person Singular von *rennen*	
3. Person Plural von *sammeln*	
3. Person Singular von *steuern*	sie
1. Person Singular von *malen*	
3. Person Singular von *schneien*	es
3. Person Plural von *bellen*	
2. Person Plural von *tanzen*	
1. Person Plural von *lachen*	
2. Person Singular von *hämmern*	
3. Person Singular von *beißen*	er

Übung 17

Aktiv oder Passiv? Kreuze jeweils die richtige Lösung an wie in den Beispielsätzen.

Beispielsatz	Aktiv	Passiv
Ich gehe schwimmen.	x	
Du wurdest gelobt.		x

Ab jetzt musst *du* entscheiden, ob die Sätze im Aktiv oder im Passiv stehen.

Beispielsatz	Aktiv	Passiv
Er wurde befördert.		
Sie werden nach Hause gefahren.		
Sie hat ganz laut gelacht.		
Ihr wolltet doch aufräumen!		
Der Sand wurde zusammengekehrt.		
Bina war auf der Erde gelandet.		
Das Wetter wurde anders vorhergesagt.		
Mein Geschwisterchen wird nächste Woche geboren werden.		
MacCool wird oft von Bina überrascht.		
Wir fahren gern mit dem Bus.		

MacCool: Jetzt haben wir alles durchgesprochen, was man zum Verb wissen muss. Da bist du sicherlich froh, oder?

Bina: Na ja, es war ja auch eine ganze Menge. Ich glaube, ich wiederhole die Übungen morgen noch einmal, damit ich mir auch alles merken kann!

KONJUGATIONSTABELLEN

Unregelmäßige Konjugationen

Infinitiv		sein	haben	werden
1. Pers. Sing.	**ich**	bin	habe	werde
2. Pers. Sing.	**du**	bist	hast	wirst
3. Pers. Sing.	**er, sie, es**	ist	hat	wird
1. Pers. Plur.	**wir**	sind	haben	werden
2. Pers. Plur.	**ihr**	seid	habt	werdet
3. Pers. Plur.	**sie**	sind	haben	werden

sein
haben
werden

Infinitiv		dürfen	können	mögen
1. Pers. Sing.	**ich**	darf	kann	mag
2. Pers. Sing.	**du**	darfst	kannst	magst
3. Pers. Sing.	**er, sie, es**	darf	kann	mag
1. Pers. Plur.	**wir**	dürfen	können	mögen
2. Pers. Plur.	**ihr**	dürft	könnt	mögt
3. Pers. Plur.	**sie**	dürfen	können	mögen

dürfen
können
mögen

Infinitiv		müssen	wollen	sollen
1. Pers. Sing.	**ich**	muss	will	soll
2. Pers. Sing.	**du**	musst	willst	sollst
3. Pers. Sing.	**er, sie, es**	muss	will	soll
1. Pers. Plur.	**wir**	müssen	wollen	sollen
2. Pers. Plur.	**ihr**	müsst	wollt	sollt
3. Pers. Plur.	**sie**	müssen	wollen	sollen

müssen
wollen
sollen

Infinitiv		wissen	brechen	essen
1. Pers. Sing.	**ich**	weiß	breche	esse
2. Pers. Sing.	**du**	weißt	brichst	isst
3. Pers. Sing.	**er, sie, es**	weiß	bricht	isst
1. Pers. Plur.	**wir**	wissen	brechen	essen
2. Pers. Plur.	**ihr**	wisst	brecht	esst
3. Pers. Plur.	**sie**	wissen	brechen	essen

wissen
brechen
essen

tragen
lesen
nehmen

Unregelmäßige Konjugationen				
Infinitiv		tragen	lesen	nehmen
1. Pers. Sing.	ich	trage	lese	nehme
2. Pers. Sing.	du	trägst	liest	nimmst
3. Pers. Sing.	er, sie, es	trägt	liest	nimmt
1. Pers. Plur.	wir	tragen	lesen	nehmen
2. Pers. Plur.	ihr	tragt	lest	nehmt
3. Pers. Plur.	sie	tragen	lesen	nehmen

Die Zeiten

loben
malen
fühlen

Das Präsens				
Infinitiv		loben	malen	fühlen
1. Pers. Sing.	ich	lobe	male	fühle
2. Pers. Sing.	du	lobst	malst	fühlst
3. Pers. Sing.	er, sie, es	lobt	malt	fühlt
1. Pers. Plur.	wir	loben	malen	fühlen
2. Pers. Plur.	ihr	lobt	malt	fühlt
3. Pers. Plur.	sie	loben	malen	fühlen

sagen
meinen
reden

Das Präteritum				
Infinitiv		sagen	meinen	reden
1. Pers. Sing.	ich	sagte	meinte	redete
2. Pers. Sing.	du	sagtest	meintest	redetest
3. Pers. Sing.	er, sie, es	sagte	meinte	redete
1. Pers. Plur.	wir	sagten	meinten	redeten
2. Pers. Plur.	ihr	sagtet	meintet	redetet
3. Pers. Plur.	sie	sagten	meinten	redeten

kommen
bleiben
fahren

Infinitiv		kommen	bleiben	fahren
1. Pers. Sing.	ich	kam	blieb	fuhr
2. Pers. Sing.	du	kamst	bliebst	fuhrst
3. Pers. Sing.	er, sie, es	kam	blieb	fuhr
1. Pers. Plur.	wir	kamen	blieben	fuhren
2. Pers. Plur.	ihr	kamt	bliebt	fuhrt
3. Pers. Plur.	sie	kamen	blieben	fuhren

Das Perfekt

Das Perfekt wird gebildet aus einer konjugierten Form der Hilfsverben „haben“ oder „sein“ und der dritten Stammform, dem „Partizip Perfekt“.

Infinitiv		bringen	denken	glauben
1. Pers. Sing.	ich	habe gebracht	habe gedacht	habe geglaubt
2. Pers. Sing.	du	hast gebracht	hast gedacht	hast geglaubt
3. Pers. Sing.	er, sie, es	hat gebracht	hat gedacht	hat geglaubt
1. Pers. Plur.	wir	haben gebracht	haben gedacht	haben geglaubt
2. Pers. Plur.	ihr	habt gebracht	habt gedacht	habt geglaubt
3. Pers. Plur.	sie	haben gebracht	haben gedacht	haben geglaubt

bringen
denken
glauben

Die Verben der Bewegung wie „gehen“, „schwimmen“, „laufen“ bilden ihre zusammengesetzten Formen nicht mit „haben“, sondern mit „sein“.

Infinitiv		gehen	schwimmen	laufen
1. Pers. Sing.	ich	bin gegangen	bin geschwommen	bin gelaufen
2. Pers. Sing.	du	bist gegangen	bist geschwommen	bist gelaufen
3. Pers. Sing.	er, sie, es	ist gegangen	ist geschwommen	ist gelaufen
1. Pers. Plur.	wir	sind gegangen	sind geschwommen	sind gelaufen
2. Pers. Plur.	ihr	seid gegangen	seid geschwommen	seid gelaufen
3. Pers. Plur.	sie	sind gegangen	sind geschwommen	sind gelaufen

gehen
schwimmen
laufen

Das Plusquamperfekt

Infinitiv		schreiben	rufen	geben
1. Pers. Sing.	ich	hatte geschrieben	hatte gerufen	hatte gegeben
2. Pers. Sing.	du	hattest geschrieben	hattest gerufen	hattest gegeben
3. Pers. Sing.	er, sie, es	hatte geschrieben	hatte gerufen	hatte gegeben
1. Pers. Plur.	wir	hatten geschrieben	hatten gerufen	hatten gegeben
2. Pers. Plur.	ihr	hattet geschrieben	hattet gerufen	hattet gegeben
3. Pers. Plur.	sie	hatten geschrieben	hatten gerufen	hatten gegeben

schreiben
rufen
geben

Infinitiv		rennen	kommen	stolpern
1. Pers. Sing.	ich	war gerannt	war gekommen	war gestolpert
2. Pers. Sing.	du	warst gerannt	warst gekommen	warst gestolpert
3. Pers. Sing.	er, sie, es	war gerannt	war gekommen	war gestolpert
1. Pers. Plur.	wir	waren gerannt	waren gekommen	waren gestolpert
2. Pers. Plur.	ihr	wart gerannt	wart gekommen	wart gestolpert
3. Pers. Plur.	sie	waren gerannt	waren gekommen	waren gestolpert

rennen
kommen
stolpern

sehen
hören
schmecken

Das Futur I

Das Futur I wird aus einer konjugierten Form des Hilfsverbs „werden" und dem Infinitiv gebildet.

Infinitiv		sehen	hören	schmecken
1. Pers. Sing.	ich	werde sehen	werde hören	werde schmecken
2. Pers. Sing.	du	wirst sehen	wirst hören	wirst schmecken
3. Pers. Sing.	er, sie, es	wird sehen	wird hören	wird schmecken
1. Pers. Plur.	wir	werden sehen	werden hören	werden schmecken
2. Pers. Plur.	ihr	werdet sehen	werdet hören	werdet schmecken
3. Pers. Plur.	sie	werden sehen	werden hören	werden schmecken

bauen
lernen
fliegen

Das Futur II

Infinitiv		bauen	lernen	fliegen
1. Pers. Sing.	ich	werde gebaut haben	werde gelernt haben	werde geflogen sein
2. Pers. Sing.	du	wirst gebaut haben	wirst gelernt haben	wirst geflogen sein
3. Pers. Sing.	er, sie, es	wird gebaut haben	wird gelernt haben	wird geflogen sein
1. Pers. Plur.	wir	werden gebaut haben	werden gelernt haben	werden geflogen sein
2. Pers. Plur.	ihr	werdet gebaut haben	werdet gelernt haben	werdet geflogen sein
3. Pers. Plur.	sie	werden gebaut haben	werden gelernt haben	werden geflogen sein

Das Passiv

sehen		Präsens	Präteritum	Perfekt
1. Pers. Sing.	ich	werde gesehen	wurde gesehen	bin gesehen worden
2. Pers. Sing.	du	wirst gesehen	wurdest gesehen	bist gesehen worden
3. Pers. Sing.	er, sie, es	wird gesehen	wurde gesehen	ist gesehen worden
1. Pers. Plur.	wir	werden gesehen	wurden gesehen	sind gesehen worden
2. Pers. Plur.	ihr	werdet gesehen	wurdet gesehen	seid gesehen worden
3. Pers. Plur.	sie	werden gesehen	wurden gesehen	sind gesehen worden

sehen

sehen		Plusquamperfekt	Futur I	Futur II
1. Pers. Sing.	ich	war gesehen worden	werde gesehen werden	werde gesehen worden sein
2. Pers. Sing.	du	warst gesehen worden	wirst gesehen werden	wirst gesehen worden sein
3. Pers. Sing.	er, sie, es	war gesehen worden	wird gesehen werden	wird gesehen worden sein
1. Pers. Plur.	wir	waren gesehen worden	werden gesehen werden	werden gesehen worden sein
2. Pers. Plur.	ihr	wart gesehen worden	werdet gesehen werden	werdet gesehen worden sein
3. Pers. Plur.	sie	waren gesehen worden	werden gesehen werden	werden gesehen worden sein

LISTE DER GEBRÄUCHLICHSTEN UNREGELMÄSSIGEN VERBEN

1. Stammform	2. Stammform	3. Stammform*
befehlen	befahl	hat befohlen
beginnen	begann	hat begonnen
beißen	biss	hat gebissen
bergen	barg	hat geborgen
bersten	barst	ist geborsten
biegen	bog	ist/hat gebogen*
bieten	bot	hat geboten
binden	band	hat gebunden
bitten	bat	hat gebeten
blasen	blies	hat geblasen
bleiben	blieb	ist geblieben
braten	briet	hat gebraten
brechen	brach	ist/hat gebrochen*
brennen	brannte	hat gebrannt
bringen	brachte	hat gebracht
denken	dachte	hat gedacht
dringen	drang	ist/hat gedrungen*
dürfen	durfte	hat gedurft
empfangen	empfing	hat empfangen
empfehlen	empfahl	hat empfohlen
essen	aß	hat gegessen
fahren	fuhr	ist/hat gefahren*
fallen	fiel	ist gefallen
fangen	fing	hat gefangen
fechten	focht	hat gefochten
finden	fand	hat gefunden
flechten	flocht	hat geflochten
fliegen	flog	ist/hat geflogen*
fliehen	floh	ist/hat geflohen*
fließen	floss	ist geflossen
fressen	fraß	hat gefressen
frieren	fror	hat gefroren
gären	gor	ist/hat gegoren*
gebären	gebar	hat geboren
geben	gab	hat gegeben
gedeihen	gedieh	ist gediehen
gehen	ging	ist gegangen
gelingen	gelang	ist gelungen
gelten	galt	hat gegolten
genesen	genas	ist genesen
genießen	genoss	hat genossen
geschehen	geschah	ist geschehen

1. Stammform	2. Stammform	3. Stammform*
gewinnen	gewann	hat gewonnen
gießen	goss	hat gegossen
gleichen	glich	hat geglichen
gleiten	glitt	hat geglitten
glimmen	glomm	hat geglommen
graben	grub	hat gegraben
greifen	griff	hat gegriffen
haben	hatte	hat gehabt
halten	hielt	hat gehalten
hängen	hing	hat gehangen
hauen	hieb	hat gehauen
heben	hob	hat gehoben
heißen	hieß	hat geheißen
helfen	half	hat geholfen
kennen	kannte	hat gekannt
klimmen	klomm	ist geklommen
klingen	klang	hat geklungen
kneifen	kniff	hat gekniffen
kommen	kam	ist gekommen
können	konnte	hat gekonnt
laden	lud	hat geladen
lassen	ließ	hat gelassen
laufen	lief	ist gelaufen
leiden	litt	hat gelitten
leihen	lieh	hat geliehen
lesen	las	hat gelesen
liegen	lag	hat gelegen
lügen	log	hat gelogen
mahlen	mahlte	hat gemahlen
meiden	mied	hat gemieden
messen	maß	hat gemessen
misslingen	misslang	ist misslungen
mögen	mochte	hat gemocht
müssen	musste	hat gemusst
nehmen	nahm	hat genommen
nennen	nannte	hat genannt
pfeifen	pfiff	hat gepfiffen
quellen	quoll	ist gequollen
raten	riet	hat geraten
reiben	rieb	hat gerieben
reißen	riss	ist/hat gerissen*
reiten	ritt	ist/hat geritten*

1. Stammform	2. Stammform	3. Stammform*
rennen	rannte	ist gerannt
riechen	roch	hat gerochen
ringen	rang	hat gerungen
rinnen	rann	ist geronnen
rufen	rief	hat gerufen
schaffen	schuf	hat geschaffen
scheiden	schied	ist/hat geschieden*
scheinen	schien	hat geschienen
schelten	schalt	hat gescholten
scheren	schor	hat geschoren
schieben	schob	hat geschoben
schießen	schoss	hat geschossen
schlafen	schlief	hat geschlafen
schlagen	schlug	hat geschlagen
schleichen	schlich	ist geschlichen
schleifen	schliff	hat geschliffen
schließen	schloss	hat geschlossen
schlingen	schlang	hat geschlungen
schmeißen	schmiss	hat geschmissen
schmelzen	schmolz	ist geschmolzen
schneiden	schnitt	hat geschnitten
schreiben	schrieb	hat geschrieben
schreien	schrie	hat geschrie(e)n
schreiten	schritt	ist geschritten
schweigen	schwieg	hat geschwiegen
schwellen	schwoll	ist geschwollen
schwimmen	schwamm	ist/hat geschwommen*
schwinden	schwand	ist geschwunden
schwingen	schwang	hat geschwungen
schwören	schwor	hat geschworen
sehen	sah	hat gesehen
sein	war	ist gewesen
singen	sang	hat gesungen
sitzen	saß	hat gesessen
speien	spie	hat gespie(e)n
sprechen	sprach	hat gesprochen

1. Stammform	2. Stammform	3. Stammform*
sprießen	spross	ist gesprossen
springen	sprang	ist gesprungen
stechen	stach	hat gestochen
stehen	stand	hat gestanden
stehlen	stahl	hat gestohlen
steigen	stieg	ist gestiegen
sterben	starb	ist gestorben
stinken	stank	hat gestunken
stoßen	stieß	ist/hat gestoßen*
streichen	strich	ist/hat gestrichen*
streiten	stritt	hat gestritten
tragen	trug	hat getragen
treffen	traf	hat getroffen
treiben	trieb	ist/hat getrieben*
treten	trat	ist/hat getreten*
trinken	trank	hat getrunken
trügen	trog	hat getrogen
tun	tat	hat getan
verderben	verdarb	ist/hat verdorben*
verdrießen	verdross	hat verdrossen
vergessen	vergaß	hat vergessen
verlieren	verlor	hat verloren
wachsen	wuchs	ist gewachsen
waschen	wusch	hat gewaschen
weichen	wich	ist gewichen
weisen	wies	hat gewiesen
werben	warb	hat geworben
werden	wurde	ist geworden
werfen	warf	hat geworfen
wiegen	wog	hat gewogen
winden	wand	hat gewunden
wissen	wusste	hat gewusst
wringen	wrang	hat gewrungen
ziehen	zog	hat gezogen
zwingen	zwang	hat gezwungen

* Anmerkung zur 3. Stammform:
Einige Verben bilden das Partizip Perfekt in manchen Fällen mit „sein", in anderen dagegen mit „haben".

Abschlusstest zur Konjugation

Wertung:

über 500 Punkte:	Superprofi!
400–500 Punkte:	Nicht schlecht. Das kann noch ganz toll werden.
300–400 Punkte:	Mittelmaß. Noch nicht begeisternd, aber gerade noch akzeptabel.
200–300 Punkte:	Na ja. Da fehlt noch einiges. Du solltest noch ein bisschen üben!
unter 200 Punkten:	Das sieht noch nicht so gut aus. Fang am besten noch mal von vorne an.

A

Test 1

Viele Dinge sind auf der Erde ganz anders als auf Grammatika. Bina ist da einiges aufgefallen. Sie erzählt es MacCool. Schreibe bei den folgenden Sätzen immer die Verbform in der 3. Person Singular Präsens in die Lücke.

Beispiel: Auf Grammatika ________________ (fahren) man mit der Schwebekugel und nicht mit dem Auto.
Auf Grammatika ___*fährt*___ man mit der Schwebekugel und nicht mit dem Auto.

Auf der Erde ist es anders

Man ________________ (essen) nur Fleisch aus dem Replikator, deshalb ________________ (brauchen) man keine Tiere zu schlachten.

Dieses „künstliche" Fleisch ________________ (schmecken) sehr gut und ________________ (haben) auch sehr viele Vitamine.

Man ________________ (schlafen) in Schwebebetten, in denen man sich nachts vollkommen ________________ (entspannen). Die Hausarbeit ________________ (erledigen) überall ein Roboter.

Für jedes richtig eingesetzte Verb gibt es hier 10 Punkte, das heißt also, insgesamt kannst du bei dieser Aufgabe 70 Punkte erreichen, wenn du alles richtig machst.

Test 2

A

Setze den folgenden Text, in dem Bina MacCool erzählt, wie die Schule auf Grammatika ist, in die Vergangenheit. Schreibe den Text in dein Heft. Die zu verändernden Verben sind durch Fettdruck deutlich sichtbar hervorgehoben worden.

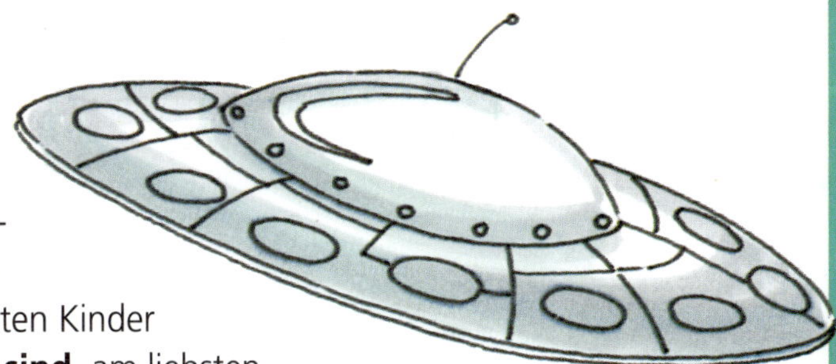

Auf Grammatika **gehen** die Kinder gern zur Schule. Der allerschönste Beruf für einen Grammatikaner **ist** nämlich der eines Sprachforschers. Deshalb **wollen** die meisten Kinder später einmal, wenn sie erwachsen **sind**, am liebsten Sprachforscher werden. So ein Sprachforscher **muss** aber sehr viel wissen. Deshalb **strengen** sich die meisten grammatikanischen Kinder sehr in der Schule an und **versuchen** so viel wie möglich zu lernen. Aber auf Grammatika **macht** die Schule auch Spaß. Die Schüler **lernen** in kleinen Gruppen von höchstens fünf Kindern und **machen** ganz viele Sprachspiele. So **vergeht** die Zeit in der Schule wie im Flug und es **kommt** eigentlich nie vor, dass sich jemand in der Schule **langweilt**, obwohl auf Grammatika jeden Tag nachmittags Unterricht **ist**. Aber dafür **gibt** es auch niemals Hausaufgaben. Außerdem **sind** die Nachmittage das Schönste an der Schule, denn da **machen** die Lehrer mit den Schülern fast jeden Tag Ausflüge in die Umgebung. Jedesmal **kann** man dabei Spannendes und Neues entdecken, denn jeder Ausflug **ist** ein richtiges Abenteuer.

Schreibe die Geschichte in der Vergangenheit in dein Heft. Auch hier gibt es wieder 10 Punkte für jedes richtig umgeformte Verb, also sind hier insgesamt 190 Punkte zu erreichen.

A

Test 3

Diese Vergangenheitsformen wollen wir gründlich üben. Schreibe den folgenden Text, in dem Bina MacCool erzählt, wie das Wetter auf Grammatika immer war, wieder mit den Verbformen für die Vergangenheit in dein Heft. Auch hier sind wieder die zu verändernden Verben fett gedruckt.

Grammatika **ist** ein sehr kleiner Planet. Er **ist** so klein, dass er fast vierzigmal in die Erde **passt**. Der Himmel **ist** auf Grammatika nicht blau mit weißen Wolken wie hier auf der Erde, sondern lila mit kleinen rosa Wölkchen. Das Wetter **ist** sehr gleichmäßig, das heißt, es **gibt** keinen Winter und keinen Sommer. Die Temperaturen **sind** fast immer so wie auf der Erde im Mai. Nur ganz selten **gibt** es Stürme. Die **sind** dann aber immer sehr heftig, sodass kaum jemand während eines solchen Sturms draußen **herumläuft**.

Bei dieser Aufgabe kannst du auch wieder für jedes richtig umgeformte Verb 10 Punkte zu deinem Konto addieren, also insgesamt 100 Punkte, wenn du alles richtig machst.

B

Test 4

Was wird passieren, wenn Bina nach Grammatika zurückkehrt? Setze die fett gedruckten Verben im folgenden Text ins Futur I und schreibe ihn in dein Heft.

Beispiel: Alle kommen um mich zu empfangen.
Alle werden kommen um mich zu empfangen.

Alle **kommen** um mich zu empfangen. Meine Freunde **freuen sich,** dass ich wieder da bin. Wir **feiern** ein großes Fest. Ich **besuche** alle, die mich gern haben und **erzähle** ihnen, was ich auf der Erde erlebt habe. Jeder **ist gespannt,** wie ihr hier lebt und welche Sprache ihr sprecht. Dann **gehe** ich ins Sprachforschungslabor. Hier **werten** wir zusammen meine

Forschungsergebnisse **aus.** Alle **sind gespannt,** was dabei herauskommt.

Addiere wieder 10 Punkte für jede richtige Umformung zu der bisher erreichten Punktzahl. Bei dieser Aufgabe kannst du maximal 90 Punkte erreichen.

Test 5

A

Setze die folgenden Sätze ins Passiv. In ihnen wird beschrieben, welche Aufgaben „Kann-Alles“, Binas Roboter, auf dem Raumschiff übernommen hat.

Beispiel: Er macht jeden Morgen das Frühstück.
Das Frühstück wird jeden Morgen von ihm gemacht.

Er kocht jeden Tag das Mittag- und das Abendessen.
Er wischt den Staub von den Möbeln.
Er wäscht Binas Kleider.
Er räumt das Geschirr in die Spülmaschine.
Er macht Binas Bett.
Er liest Bina jeden Abend eine Einschlafgeschichte vor.

Hier gibt es noch einmal 10 Punkte für jeden richtigen Satz, also insgesamt 60 Punkte für diese Aufgabe.

Nun zähle deine Punkte zusammen und lies den Kommentar am Anfang dieses Abschlusstests. Jetzt weißt du, welches Kapitel du dir noch einmal ansehen solltest. Oder bist du etwa ein Superprofi?

DIE ROBBE UND DAS ROBBEN

Substantivierte Verben und Adjektive

Nach der Pause bei den Schimpansen gehen MacCool und Bina zur Robbenfütterung und freuen sich über die Kunststücke, die die Tiere zeigen, bevor sie ihre Fische bekommen.

Das Gehen

Bina: Die sind vielleicht gelenkig! Sieh mal, wie der Seelöwe dort drüben den Ball auf seiner Nase balanciert! Aber das Gehen fällt ihnen ganz schön schwer, so ohne Beine.

MacCool: Das Gehen! Das hätte ich jetzt beinahe vergessen. Weißt du, was das für eine Wortart ist?

Bina: Nein, aber du wirst es mir bestimmt gleich sagen.

Substantivierte Verben, Adjektive, Partizipien und Konjunktionen

MacCool: „Das Gehen" ist ein substantiviertes Verb! Das heißt, wenn man vor ein Verb einen Artikel setzt, macht man aus ihm ein Substantiv. Mit Adjektiven wie zum Beispiel „schön/das Schöne" funktioniert das übrigens genauso. Auch mit Partizipien und mit Konjunktionen, über die wir ja noch nicht gesprochen haben, kann man das machen.

MacCool konnte nicht umhin, eine gewisse Ähnlichkeit mit seinem Mathelehrer festzustellen

Die Substantivierung

Vorgang der Substantivierung

Wenn man vor ein Verb einen Artikel setzt, wird aus dem Verb ein **substantiviertes Verb.**

sehen – das **Sehen**

Das kann man mit einem Adjektiv auch machen …

klein – das **Kleine**

… ebenso mit Partizipien …

erwachsen – die **Erwachsenen**

… oder mit Konjunktionen.

Da hilft kein **Wenn** und kein **Aber.**

Diesen Vorgang nennt man **Substantivierung.**

Bina: Werden diese substantivierten Verben, Adjektive, Partizipien und Konjunktionen denn auch dekliniert?

MacCool: Ja, das werden sie. Sie werden im Prinzip genauso behandelt wie Substantive. Deswegen schreibt man sie ja auch groß.

Deklination und Schreibweise

Deklination und Schreibweise

Substantivierte Verben, Adjektive, Partizipien und Konjunktionen werden genauso behandelt wie ganz normale Substantive. Das heißt:

1. Sie werden dekliniert.

Während **des Robbens** kommt der Seehund nur langsam voran.

2. Sie werden großgeschrieben.

FÜTTERND ODER GEFÜTTERT?

Das Partizip (Mittelwort)

MacCool und Bina sind immer noch im Zoo. Aber inzwischen sind sie zu den Elefanten weitergegangen, die gerade gefüttert werden.

MacCool: Elefanten kann ich total gut leiden. Es sind unheimlich freundliche und dabei sehr intelligente Tiere.

Bina: Ja, die gefallen mir auch sehr gut. Aber einen unheimlichen Appetit haben die.
Doch um noch einmal auf das Verb zurückzukommen: Mir geht da noch eine Form im Kopf herum, die wir bisher nicht erwähnt haben. Und ich bin mir nicht sicher, ob das auch eine Verbform ist.

MacCool: Sag mir mal ein Beispiel, damit ich weiß, was du meinst.

„fütternd"

Bina: Zum Beispiel: „der den Elefanten fütternde Tierpfleger". Was ist „fütternde" dann für eine Wortart? Ist es ein Verb? Oder vielleicht eher ein Adjektiv?

MacCool: Das ist eine gute Frage. Es ist ein Verb und es ist ein Adjektiv. Oder auch keines von beiden.

Bina: Das ist aber merkwürdig. Irgend etwas muss es doch sein.

Partizip oder Mittelwort

MacCool: Schon. Aber es steht in seiner Funktion eigentlich zwischen Verb und Adjektiv. Deswegen nennt man es auch „Mittelwort", weil es in der Mitte zwischen Verb und Adjektiv steht. Der lateinische Ausdruck ist Partizip.

Das Partizip

Partizip oder Mittelwort

Das **Partizip** heißt auch Mittelwort.
Es heißt so, weil es von seiner Funktion her zwischen Verb und Adjektiv steht.
Mit anderen Worten: Das **Partizip** wird aus einer Verbform gebildet, verhält sich aber wie ein Adjektiv (Beispiel: „der **fütternde** Tierpfleger").
Es gibt zwei verschiedene **Partizipien:**

Partizip Präsens und Partizip Perfekt

1. Das **Partizip Präsens** bezieht sich auf die Gegenwart.

der **niesende** Seelöwe
(er niest gerade in diesem Moment)

2. Das **Partizip Perfekt** bezieht sich auf die Vergangenheit.

der **erkältete** Seelöwe
(er hat sich gestern schon erkältet)

Übung 1

A

Schreibe zehn Partizipien in dein Heft.

Bina: Wird so ein Partizip verändert?

MacCool: Wird es. Außerdem musst du wissen, dass es zwei verschiedene Partizipien gibt, nämlich das des Präsens, wie zum Beispiel „fütternd", und das des Perfekts, wie zum Beispiel „gefüttert". Ihre Endungen aber bilden beide Partizipien gleich, nämlich genauso wie das Adjektiv.

Partizipien werden wie Adjektive behandelt, das heißt, sie werden auch genauso dekliniert.

A

Übung 2

Ob er wohl Lust hat zu singen?

Dekliniere die folgenden Ausdrücke mit Partizipien.

Beispiel: Nominativ: der singende Vogel

Genitiv: des singenden Vogels

Dativ: dem singenden Vogel

Akkusativ: den singenden Vogel

Nominativ: das geschlüpfte Küken

Genitiv: ______________________

Dativ: ______________________

Akkusativ: ______________________

Nominativ: die verletzte Pfote

Genitiv: ______________________________

Dativ: ______________________________

Akkusativ: ______________________________

Nominativ: der brüllende Löwe

Genitiv: ______________________________

Dativ: ______________________________

Akkusativ: ______________________________

Bina: Das weiß ich noch, wie das geht.
So, die Elefanten sind jetzt satt und gehen schlafen. Und ich bin jetzt auch ziemlich müde. Es wird Zeit, dass wir für heute heimgehen. Was hältst du übrigens davon, wenn du mich morgen Nachmittag einmal in meinem Raumschiff besuchst?

MacCool: Sehr viel! Ich wollte dich schon längst einmal bitten, dass du mir da alles zeigst!

Bina: Dann bleibt es also dabei. Du wirst auch begeistert sein, wie gut grammatikanische Kekse schmecken!

UND, ODER, ALS

Die Konjunktion (Bindewort)

MacCool ist heute bei Bina an Bord ihres Raumschiffes zu Gast. Er staunt nicht schlecht über die tolle Technik, die er da zu sehen bekommt, denn auf Grammatika ist man in jeder Beziehung schon viel weiter als auf der Erde. Schließlich lässt Bina ihrem Besuch von „Kann-Alles", dem Roboter, Kakao und Kekse servieren.

MacCool: Es schmeckt wirklich alles ganz super. So gute Kekse habe ich in meinem ganzen Leben noch nicht gegessen. Auch der Kakao ist Extraklasse.

Bina: Das freut mich aber sehr, dass du das grammatikanische Essen so lobst. Aber sag mal, wie weit sind wir jetzt eigentlich mit unserer Wortlehre? Gibt es da sehr viel, was wir noch nicht besprochen haben?

Konjunktionen oder Bindewörter

MacCool: Nein, lediglich die Konjunktionen oder Bindewörter fehlen noch.

Bina: Das sagst du so locker dahin. Und was, bitte schön, sind beispielsweise Konjunktionen?

MacCool: Konjunktionen oder Bindewörter stellen Verbindungen zwischen Satzteilen her. Also zum Beispiel: „Ich esse Kekse und trinke Kakao." Die Konjunktion „und" verbindet hier die beiden Satzteile „ich esse Kekse" und „ich trinke Kakao", wobei das zweite Personalpronomen weggelassen werden kann, wenn es sich gegenüber dem ersten nicht ändert.

Bina: Aha! Gibt es außer „und" eigentlich noch mehr Konjunktionen?

MacCool: Klar! Es gibt nebenordnende Konjunktionen wie „und" und „aber", die zwei Hauptsätze miteinander verbinden. Daneben gibt es aber auch unterordnende Konjunktionen wie zum Beispiel „weil", die Hauptsatz und Nebensatz verbinden. Und nicht zu vergessen: die Satzteilkonjunktionen und die Infinitivkonjunktionen, mit deren Hilfe man Satzteile in einen Satz einfügen oder einen Infinitiv anschließen kann. Die Konjunktionen sind übrigens unveränderlich.

Die Stellung der Konjunktionen

Es gibt unterschiedliche **Konjunktionen:**

Nebenordnende Konjunktionen

1. **nebenordnende** Konjunktionen.

und, auch, oder, entweder … oder, weder … noch,
nicht nur … sondern auch, sowohl … als auch, so … wie

Sie verbinden einzelne Wörter oder auch zwei Hauptsätze miteinander.

Sie kam nach Hause **und** zog sich die Schuhe aus.
Ich habe gestern **weder** dich **noch** deine Freundin gesehen.

Unterordnende Konjunktionen

2. **unterordnende** Konjunktionen.

da, dass, weil, als, seit, nachdem, obwohl, damit

Sie verbinden Hauptsatz und Nebensatz miteinander.

Sie zog sich die Schuhe aus, **weil** sie schmutzig waren.
Bina war noch sehr jung, **als** sie sich auf ihre weite Reise begab.

Satzteilkonjunktionen

3. **Satzteil**konjunktionen.

als, wie, umso, desto

Mit ihnen werden Satzteile in den Satz eingebaut und angeschlossen.

Binas Raumschiff ist kleiner **als** MacCools Haus.
Michael ist so groß **wie** Sascha.

Infinitivkonjunktionen

4. **Infinitiv**konjunktionen.

statt … zu, ohne … zu, um … zu

Mit ihnen wird immer ein Infinitiv angeschlossen.

Statt so viel Videofilme an**zu**sehen,
solltest du lieber einmal ein spannendes Buch lesen.
Sandra verspeiste die Schnecken, **ohne** mit der Wimper **zu** zucken.

Grundsätzliches zu den Konjunktionen

Konjunktionen sind **unveränderlich.** Sie werden also weder dekliniert noch konjugiert.

Übung

B

Unterstreiche bei den folgenden Beispielsätzen jeweils die Konjunktion.

Beispiel: Ich bin sehr müde und möchte jetzt schlafen gehen.

1. MacCool hat gesagt, dass ihm die Kekse gut schmecken.
2. Wir können nicht ins Freibad gehen, weil es regnet.
3. Pack dein Buch schon mal ein, damit du es nicht vergisst.
4. Es gibt zwei Möglichkeiten: Entweder fahren wir nach Italien in Urlaub oder wir bleiben zu Hause.
5. Am besten versuchst du die Übung zuerst einmal, ohne hinten im Lösungsteil nachzusehen.
6. Bina hatte Hunger wie ein Wolf.
7. Die Augen sind oft größer als der Magen.
8. Je länger ich über diese Sache nachdenke, desto unsicherer werde ich.
9. Da Sarah schon über zwölf Jahre alt war, durfte sie am Ausflug teilnehmen.

Bina: Ist das schon alles?

MacCool: Ja. Damit hätten wir auch schon die Wortarten durchgesprochen. Der Vollständigkeit halber sollte ich dir vielleicht sagen, dass es schließlich noch Interjektionen gibt, das sind Ausrufe wie „ach!“ oder „oh!“ Zu diesen gibt es aber nichts weiter zu erklären.

Bina: Super! Aber wenn ich ehrlich sein soll: Ich bin jetzt doch ziemlich geschafft. Ich glaube, ich flieg' erst einmal nach Hause und berichte den Grammatikanern über meine Eindrücke von der Erde und von den Wortarten.

EIN MEISTER SEINES FACHES

Abschlusstest zu den Wortarten

Wertung:

1000 Punkte:	Superprofi! Einfach stark, diese Leistung!
800–1000 Punkte:	Nicht schlecht. Das kann noch ganz toll werden.
600–800 Punkte:	Mittelmaß. Noch nicht begeisternd, aber gerade noch akzeptabel.
400–600 Punkte:	Na ja. Da fehlt noch einiges. Du solltest noch ein bisschen üben!
unter 400 Punkten:	Das sieht noch nicht so gut aus. Fang am besten noch mal von vorne an.

Bei diesem Test musst du von drei möglichen Antworten jeweils die richtige ankreuzen. Es sind 20 Fragen, und für jede richtige Antwort gibt es 50 Punkte.

1. Was ist ein Substantiv?
Ein Substantiv ist

	ein Namenwort.	☐	50 Punkte
	ein Wiewort.	☐	
	ein kurzer Satz.	☐	

2. In welchem Fall steht das hervorgehobene Wort:
Ich gebe **dir** die Hand.
Das hervorgehobene Wort steht

	im Genitiv.	☐	50 Punkte
	im Dativ.	☐	
	im Akkusativ.	☐	

3. Plural ist ein anderes Wort für

	Mehrzahl.	☐	50 Punkte
	Einzahl.	☐	
	Wer-Fall.	☐	

4. In welchem Satz gibt es ein Interrogativpronomen?

	Ich streichle den Elefanten.	☐	50 Punkte
	Niemand hat meine Freunde gesehen.	☐	
	Wer hat nach mir gefragt?	☐	

5. In welcher Zeitform steht das folgende Verb:
Ich hatte gelesen.

Es handelt sich hier um	das Präteritum.	☐	50 Punkte
	das Plusquamperfekt.	☐	
	das Perfekt.	☐	

6. Was ist ein Superlativ?

Ein Superlativ ist	die höchste Steigerungsform des Adjektivs.	☐	50 Punkte
	die Mehrzahl.	☐	
	eine Verbform.	☐	

7. Welcher Fall wird von der Präposition „mit" regiert?

Es ist	der Nominativ.	☐	50 Punkte
	der Akkusativ.	☐	
	der Dativ.	☐	

8. Um welche Wortart handelt es sich bei dem Wort „beliebt"?

Es handelt sich hier um	ein Substantiv.	☐	50 Punkte
	ein Verb.	☐	
	ein Partizip Perfekt.	☐	

9. Wenn man das Adjektiv „tapfer" substantiviert,

erhält man das Wort	tapferer.	☐	50 Punkte
	tapferem.	☐	
	der Tapfere.	☐	

10. Unter den folgenden Pluralformen ist eine falsch. Kreuze sie an.

	der Ringe	☐	50 Punkte
	die Büchern	☐	
	die Fische	☐	

11. Die Deklination ist

- die Möglichkeitsform eines Verbs. ☐ 50 Punkte
- eine Steigerungsform des Adjektivs. ☐
- die Beugung eines Substantivs. ☐

12. **Gestern** ging ich erst spät nach Hause.
Handelt es sich bei dem hervorgehobenen Wort um

- ein Adjektiv, ☐ 50 Punkte
- ein Adverb ☐
- oder ein Verb? ☐

13. In welchem Fall steht der hervorgehobene Ausdruck: Das ist die Tasche **meines Vaters.**
Der hervorgehobene Ausdruck steht

- im Nominativ. ☐ 50 Punkte
- im Akkusativ. ☐
- im Genitiv. ☐

14. Beim Passiv handelt es sich um

- die Möglichkeitsform des Verbs. ☐ 50 Punkte
- die Einzahl ☐
- die Leideform des Verbs. ☐

15. Die Konjugation ist

- eine Steigerungsform des Adjektivs. ☐ 50 Punkte
- die Beugung des Verbs. ☐
- die Beugung des Substantivs. ☐

16. Der Satz: „Ich werde ihn morgen sehen" steht

- im Futur I. ☐ 50 Punkte
- im Perfekt. ☐
- im Präsens. ☐

17. Die Komparation ist

- die Steigerung des Adjektivs. ☐ 50 Punkte
- die Vergangenheitsform des Verbs. ☐
- die Beugung des Verbs. ☐

18. Verben kann man

- deklinieren. ☐ 50 Punkte
- konjugieren. ☐
- steigern. ☐

19. Bei welchem der folgenden Wörter handelt es sich um eine Konjunktion:

- und ☐ 50 Punkte
- bei ☐
- selten ☐

20. Wenn man den Satz „Ich höre dich" ins Plusquamperfekt setzt, erhält man:

- Ich werde dich hören. ☐ 50 Punkte
- Ich hatte dich gehört. ☐
- Ich habe dich gehört. ☐

Die Auflösung findest du am Ende des Lösungsteils ab Seite 149.

Grammatische Grundbegriffe

Adjektiv
Eigenschaftswort oder „Wiewort". **Beispiel:** Der **kleine** Prinz. „Kleine" ist hier das Adjektiv.

Adverb
Umstandswort; gibt an, auf welche Weise etwas geschieht. **Beispiel:** Bina schwimmt **gern.** „Gern" ist hier das Adverb.

Akkusativ
Wen-oder-was-Fall. **Beispiel:** Ich habe **den Pfau** gesehen. „Den Pfau" steht hier im Akkusativ.

Aktiv
Tatform

bestimmter Artikel
bestimmter Begleiter eines Substantivs: „der, die, das". **Beispiel: Der** Besen hängt im Schrank. „Der" ist hier der bestimmte Artikel.

Dativ
Wem-Fall. **Beispiel:** Bina gibt **dem Schwan** ein Stück Brot. „Dem Schwan" steht hier im Dativ.

Deklination
Beugung: Man setzt Wörter in die vier Fälle (Nominativ, Genitiv, Dativ, Akkusativ). Dekliniert oder gebeugt werden Substantive, Adjektive, Partizipien, Pronomen und die Artikel.
Beispiele: Nominativ: ein schöner, sonniger Tag
Dativ: an einem schönen, sonnigen Tag

Demonstrativpronomen
hinweisendes Fürwort. **Beispiel: dieser** Planet. „Dieser" ist ein Demonstrativpronomen.

Femininum
weibliche Form. **Beispiel: Die Blume** blüht im Garten. „Die Blume“ ist ein Femininum. Vor einem Femininum steht der bestimmte Artikel „die“ oder der unbestimmte Artikel „eine“.

Futur I
unmittelbare Zukunft. **Beispiel:** Ich **werde** in einer halben Stunde nach Hause **gehen.** „Werde … gehen“ steht im Futur I.

Futur II
vollendete Zukunft. **Beispiel:** Morgen um diese Zeit **werde** ich schon die Klassenarbeit **geschrieben haben.** „Werde … geschrieben haben“ steht hier im Futur II.

Genitiv
Wessen-Fall. **Beispiel:** Die Schuhe **des kleinen Mucks** sind sehr groß. „Des kleinen Mucks“ steht hier im Genitiv.

Hilfsverb
Hilfsverben werden gebraucht um bestimmte Verbformen zu bilden, wie zum Beispiel das Perfekt oder das Futur I. **Beispiele:** Ich **habe** den Delfin gestreichelt. „Habe“ ist hier das Hilfsverb. Ich **werde** mir die Riesenkakteen ansehen. „Werde“ ist hier das Hilfsverb.

Imperfekt
oder Präteritum, erste Vergangenheitsform des Verbs. **Beispiel:** Ich **streichelte** den Elefanten. „Streichelte“ steht hier im Imperfekt.

indefinites Pronomen
unbestimmtes Fürwort

Interjektion
Ausruf. **Beispiel:** oh! oder ach!

Interrogativpronomen
Fragepronomen. **Beispiel: Wer** hat den Fußabdruck an die Decke gemacht?
„Wer" ist hier das Interrogativpronomen.

Komparation
Steigerung. **Beispiel:** weit, weiter, am weitesten

Komparativ
erste Steigerungsform. **Beispiel:** lang, **länger,** am längsten. „Länger" ist hier der Komparativ.

Konjugation
Wenn man Verben konjugiert, verändert man ihre Form, je nachdem, von welcher Person die Rede ist und in welcher Zeit etwas stattfindet.
Beispiele: Ich sehe, du siehst, er sah, sie hat gesehen.

Konjunktion
Bindewort. **Beispiele: und, als, oder.**

Maskulinum
männliche Form. **Beispiel: Der Flamingo** putzt sein Gefieder. „Der Flamingo" ist ein Maskulinum. Vor einem Maskulinum steht der bestimmte Artikel „der" oder der unbestimmte Artikel „ein".

Neutrum
sächliche Form. **Beispiel: Das Zauberschloss** im Märchengarten spielt den Besuchern tolle Geschichten vor. „Das Zauberschloss" ist ein Neutrum. Vor einem Neutrum steht der bestimmte Artikel „das" oder der unbestimmte Artikel „ein".

Nominativ
Wer-oder-was-Fall. **Beispiel: Der Schwan** schwimmt auf dem Teich. „Der Schwan" steht hier im Nominativ.

Numeri
Singular (Einzahl) und Plural (Mehrzahl) sind Numeri.

Partizip
Mittelwort; wird gebildet aus einer Verbform und ansonsten wie ein Adjektiv behandelt. **Beispiele:** der **erwachsene, singende** Sohn. „Erwachsene“ und „singende“ sind beides Partizipien.

Partizip Perfekt
Mittelwort der Vergangenheit; bezieht sich auf schon Geschehenes. **Beispiel:** das **versteckte** Geschenk. „Versteckte“ ist hier das Partizip Perfekt; beachte hierbei, dass das Geschenk schon zu einem früheren Zeitpunkt versteckt wurde, bevor diese Aussage gemacht wurde.

Partizip Präsens
Mittelwort der Gegenwart; bezieht sich auf etwas, das gerade passiert (auch in der Erzählform der Vergangenheit). **Beispiel:** Das **sinkende** Schiff war zu schwer. „Sinkende“ ist hierbei das Partizip Präsens, denn das Schiff sinkt genau zu dem Zeitpunkt, auf den sich diese Aussage bezieht.

Passiv
Leideform des Verbs; drückt aus, dass mit jemandem oder mit einer Sache etwas passiert. **Beispiel:** Er **wird** heute am Blinddarm **operiert.** „Wird … operiert“ steht hier im Passiv.

Perfekt
vollendete Gegenwart. **Beispiel:** Ich **habe** heute eine Klassenarbeit **geschrieben.** „Habe … geschrieben“ ist hier die Perfektform.

Personalpronomen
persönliches Fürwort. **Beispiele: ich, du, er, sie, es, wir, ihr, sie.**

Plural
Mehrzahl. **Beispiel:** der Schwan – **die Schwäne.**

Plusquamperfekt
vollendete Vergangenheit. **Beispiel:** Ich **hatte** ihn tags zuvor schon **gesehen.** Die Verbform „hatte … gesehen" steht hier im Plusquamperfekt.

Positiv
Grundform in Bezug auf die Steigerungsformen des Adjektivs. **Beispiel:** die **große** Wiese. „Große" ist der Positiv des Adjektivs.

Possessivpronomen
besitzanzeigendes Fürwort. **Beispiel: Mein** Fahrrad ist neu. „Mein" ist hier das Possessivpronomen.

Präposition
Verhältniswort. **Beispiel:** Ich steige **auf** den Berg. „Auf" ist hier die Präposition.

Präsens
Gegenwartsform des Verbs. **Beispiel:** Ich **klettere** auf den Baum. Die Verbform „klettere" steht im Präsens.

Präteritum
oder Imperfekt, erste Vergangenheitsform des Verbs. **Beispiel:** Ich **streichelte** den Elefanten. „Streichelte" steht hier im Präteritum.

Reflexivpronomen
rückbezügliches Fürwort. **Beispiel:** Er wäscht **sich**. „Sich" ist hier das Reflexivpronomen.

Relativpronomen
bezügliches Fürwort. **Beispiel:** Der Gepard, **der** am Zaun lag, war noch ganz jung. Das hervorgehobene „der" ist Relativpronomen.

Singular
Einzahl. **Beispiel:** Die Menschen – **ein Mensch.** „Ein Mensch" steht hier im Singular.

Stamm des Verbes
der Teil des Verbes, der durch die Konjugation nicht verändert wird (außer bei wenigen Ausnahmen). **Beispiel: lauf**-en. „Lauf-“ ist hier der Verbstamm.

Substantiv
Hauptwort oder Namenwort. **Beispiel:** der **Busch.** „Busch“ ist hier das Substantiv.

Substantivierung
Ein Verb, ein Adjektiv, ein Partizip oder ein anderes Wort wird in ein Substantiv verwandelt. **Beispiel:** Ich kann **lesen. – Das Lesen** ist wichtig im täglichen Leben.

Superlativ
zweite und höchste Steigerungsform des Adjektivs. **Beispiel:** Das ist das **beste** Essen der Welt. „Beste“ ist hier ein Superlativ.

unbestimmter Artikel
unbestimmter Begleiter eines Substantivs: „ein, eine, ein“. **Beispiel: Ein** schöner Tag. „Ein“ ist hier der unbestimmte Artikel.

Verb
Zeitwort oder Tätigkeitswort oder „Tunwort“. **Beispiel: schlafen.**

LÖSUNGEN

Das Substantiv

Seite 10

Übung 1

Substantive sind zum Beispiel: Arm, Bein, Mutter, Vater, Boot, Schiff, Haus, Hütte, Stadt, Land

Seite 11

Übung 2

Bruder – K, Enttäuschung – A, Sommer – A, Schuljahr – A, Radiergummi – K, Unglück – A, Löffel – K, Bleistift – K, Berg – K, Affe – K, Heft – K, Freundschaft – A

Der bestimmte Artikel

Seite 14

Übung 1

die Butter, das Pferd, der Artikel

Übung 2

Hund – m, Katze – f, Hamster – m, Hase – m, Marder – m, Fuchs – m, Reh – n, Bussard – m, Igel – m, Huhn – n, Hirsch – m, Biene – f, Wolf – m, Vogel – m, Schwein – n

Seite 15

Übung 3

a) ~~Die~~ Fastnacht ist ein lustiges Fest.
b) ~~Die~~ Freundlichkeit ist eine angenehme Eigenschaft.
c) Ich habe den Brief auf den Tisch gelegt.
d) Du hast den Apfel aufgegessen.
e) Da habe ich zuerst einmal tief ~~den~~ Atem geholt.

Im Beispiel „e" darf auf <u>keinen</u> Fall ein Artikel stehen!

Der unbestimmte Artikel

Seite 17

Übung 1

~~die~~ eine Kommandobrücke, ~~der~~ ein Bordcomputer, ~~das~~ ein Teleskop, ~~der~~ ein Sensor, ~~das~~ ein Messgerät, ~~die~~ eine Funkanlage

Übung 2

ein Kirschbaum, eine Palme, ein Kaktus, ein Gänseblümchen, eine Butterblume, eine Kiefer, ein Flieder, ein Löwenzahn, ein Vergissmeinnicht, ein Himbeerstrauch

Singular und Plural

Seite 20

Übung 1

Wörter, die keinen Plural bilden, sind zum Beispiel: Glück, Unglück, Pech, Europa, Donau, Bayern, Berlin, Silvester, Hass, Ruhe

Übung 2

die Wände, die Länder, die Bänder, die Matten, die Latten, die Ratten, die Täler, die Male, die Qualen, die Bälle, die Fälle, die Ställe, die Segel, die Regeln, die Kegel, die Bäume, die Träume, die Räume, die Fette, die Betten, die Tabletts, die Flieger, die Krieger, die Sieger, die Töpfe, die Köpfe, die Knöpfe, die Stämme, die Dämme, die Lämmer, die Spiegel, die Riegel, die Ziegel, die Schiffe, die Riffe, die Griffe

Seite 22

Übung 3

Stümpfe, Strümpfe, Sümpfe, Trümpfe, Bünde, Münder, Funde, Gründe, Flüche, Gerüche, Bücher, Tücher, Katzen, Fratzen, Glatzen, Tatzen, Boten, Schoten, Noten, Pfoten, Siebe,

Triebe, Hiebe, Diebe, Blasen, Hasen, Nasen, Phasen, Böcke, Stöcke, Röcke, Schocks, Tassen, Klassen, Kassen, Massen, Strudel, Sprudel, Nudeln, Pudel

Die Deklination

Seite 28
Übung

Nominativ:	der Zopf	Nominativ:	der Kopf
Genitiv:	des Zopfes	Genitiv:	des Kopfes
Dativ:	dem Zopf	Dativ:	dem Kopf
Akkusativ:	den Zopf	Akkusativ:	den Kopf
Nominativ:	die Ratte	Nominativ:	die Matte
Genitiv:	der Ratte	Genitiv:	der Matte
Dativ:	der Ratte	Dativ:	der Matte
Akkusativ:	die Ratte	Akkusativ:	die Matte
Nominativ:	das Schild	Nominativ:	das Bild
Genitiv:	des Schildes	Genitiv:	des Bildes
Dativ:	dem Schild	Dativ:	dem Bild
Akkusativ:	das Schild	Akkusativ:	das Bild

Übungen zum Nominativ

Seite 30
Übung 1

Bina kommt von weit her.
Nominativ: Bina
MacCool findet Bina nett.
Nominativ: MacCool
Das Raumschiff ist braun.
Nominativ: Das Raumschiff
Die Reise dauerte sehr lange.
Nominativ: Die Reise
Grammatika gehört nicht zu unserem Sonnensystem.
Nominativ: Grammatika

Übung 2

die Königstochter:
Nominativ Singular Femininum
der Brunnen:
Nominativ Singular Maskulinum
die Perlen:
Nominativ Plural Femininum
die Edelsteine:
Nominativ Plural Maskulinum
das Pferd:
Nominativ Singular Neutrum
die Kleider:
Nominativ Plural Neutrum

Seite 31
Übung 3

Der Eisenhans

Es war einmal ein König, der hatte einen großen Wald bei seinem Schloss, darin lief Wild aller Art herum. Eines Tages schickte er einen Jäger aus, der solle ein Reh schießen, aber er kam nicht wieder.
„Vielleicht ist ihm ein Unglück zugestoßen", sagte der König und schickte den folgenden Tag zwei andere Jäger aus, die sollten ihn suchen. Aber die blieben auch weg. Da ließ er am dritten Tag alle seine Jäger kommen und befahl: „Streift durch den ganzen Wald und hört nicht früher auf, bis ihr alle drei gefunden habt!" Aber auch von diesen Jägern kam keiner wieder heim und von der Meute der Hunde, die sie mitgenommen hatten, ließ sich keiner je wieder sehen.

Übungen zum Genitiv

Seite 32

Übung 1

Es ist der Bleistift des Lehrers. Es ist Bobos Füller. Es ist das Lineal des großen Jungen. Es ist das Poster der ersten Klasse. Es ist die Tasche des Direktors.

Übung 2

Aschenputtels, des tapferen Schneiderleins, Frau Holles, Rapunzels

Seite 33

Übung 3

der sieben Zwerge – Genitiv Plural Maskulinum
des Goldesels – Genitiv Singular Maskulinum
der sieben Geißlein – Genitiv Plural Neutrum
der weißen Schlange – Genitiv Singular Femininum
des Däumlings – Genitiv Singular Maskulinum

Übung 4

Die Einstiegsleiter des Raumschiffs besteht aus einem elastischen Material, sodass das Emporklettern ganz leicht geht. Die drei Zimmer des Raumschiffs sind dreieckig. Die Höhe der Wände ist unterschiedlich. Die Wände des Schlafzimmers sind niedriger, während die Wände der Kommandobrücke sehr hoch sind. Doch die Höhen der Zimmer sind eigentlich nur Illusion und ihre Beschaffenheit kann über den Bordcomputer reguliert werden.

Übungen zum Dativ

Seite 34

Übung 1

Bina bringt dem Eichhörnchen die Nüsse mit.
Bina bringt dem Affen die Banane mit.
Bina bringt der Schildkröte den Salat mit.
Bina bringt den Wellensittichen die kleinen Spiegel mit.
Bina bringt den Katzen die Wolle mit.
Bina bringt den Kamelen den Heuhaufen mit.

Seite 35

Übung 2

Das Knusperhäuschen gehört der Hexe.
Das Tischleindeckdich gehört dem Schreiner.
Der große Wald gehört dem König Drosselbart.
Die Bettchen gehören den sieben Zwergen.

Seite 36

Übung 3

Die Geschichte vom Kalif Storch
Der Kalif Chasid zu Bagdad saß einmal an einem schönen Nachmittag behaglich auf seinem Sofa; er hatte ein wenig geschlafen, denn es war ein heißer Tag und sah nun nach seinem Schläfchen recht heiter aus. Er rauchte aus einer langen Pfeife von Rosenholz, trank hie und da ein wenig Kaffee, den ihm ein Sklave einschenkte und strich sich allemal vergnügt den Bart, wenn es ihm geschmeckt hatte. Kurz, man sah dem Kalifen an, dass es ihm recht wohl war. Um diese Stunde konnte man gar gut mit ihm reden, weil er da immer recht mild und leutselig war, deswegen besuchte ihn auch sein Großwesir Mansor alle Tage um diese Zeit.

Übungen zum Akkusativ

Seite 37

Übung 1

Sie haben die zertanzten Schuhe kennen gelernt.
Sie haben das Spieglein an der Wand kennen gelernt.
Sie haben die Hexe kennen gelernt.
Sie haben den kleinen Muck kennen gelernt.
Sie haben die sieben Geißlein kennen gelernt.

Übung 2
Bina bekam zum Geburtstag:
eine Mütze, einen Gürtel, einen Mini-Roboter, ein Computerspiel, eine Reisetasche, ein Sprachtransformiergerät

Seite 38

Übung 3
Sie haben die Taube im Baum erraten.
Sie haben das Vogelhaus erraten.
Sie haben den Birnbaum erraten.
Sie haben die Ente am Ufer erraten.
Sie haben den Flamingo erraten.
Sie haben das Entenküken erraten.

Übung 4
Wenn man den Froschteich überquert und auf einen bestimmten Stein tritt, wird man plötzlich nassgespritzt.
Wenn man eine Münze in den Körnerautomat wirft, kann man den Tauben zusehen, wie sie Aschenputtel helfen.
Wenn man eine Mark in den Goldesel wirft, spuckt er einen Schokoladentaler aus.

Präpositionen und ihre Kasus

Seite 43

Übung 1
Alles <u>vom</u> Räuber Hotzenplotz
Die Kinder <u>aus</u> Bullerbü
Alice <u>im</u> Wunderland
Pippi <u>in</u> Taka-Tuka-Land
<u>Durchs</u> wilde Kurdistan
Die Kinder <u>aus</u> der Krachmacherstraße

Seite 44

Übung 2
Als MacCool die Imbissstube betrat, bemerkte er <u>mit</u> Entsetzen, dass sich <u>vor</u> (oder: <u>an</u>) der Theke eine lange Schlange gebildet hatte.
„Da kann man nichts machen!“, dachte MacCool und stellte sich <u>an</u> das Ende der Schlange. <u>Nach</u> zehn Minuten war er dann endlich <u>an</u> der Reihe. „Ich hätte gern eine Bratwurst <u>mit</u> viel Senf!“, bestellte er.
„<u>Mit</u> Brötchen oder <u>mit</u> Brot?“, fragte die Bratwurstverkäuferin.
„<u>Mit</u> Brot, bitte!“
<u>Auf</u> dem Schild <u>neben</u> (oder: <u>über</u>) der Theke hatte MacCool schon gelesen, dass eine Bratwurst drei Mark kostete. Er nahm deshalb drei Markstücke <u>aus</u> seinem Geldbeutel und legte sie <u>auf</u> die Theke.
„Oh, prima, du hast es sogar passend!“, freute sich die Verkäuferin und gab MacCool seine Wurst. Er nahm die Wurst und setzte sich <u>mit</u> ihr <u>an</u> den Tisch <u>in</u> der Ecke.
So eine Wurst schmeckt besonders gut, wenn man sie <u>mit</u> leerem und knurrendem Magen isst!

Seite 51

Übung 1

Adjektive sind zum Beispiel: weiß, schwarz, weit, lang, kurz, hoch, fein, grob, klein, groß

Seite 52

Übung 2

Singular	Plural
N.: die mutige Schwimmerin	die mutigen Schwimmerinnen
G.: der mutigen Schwimmerin	der mutigen Schwimmerinnen
D.: der mutigen Schwimmerin	den mutigen Schwimmerinnen
A.: die mutige Schwimmerin	die mutigen Schwimmerinnen

Singular	Plural
N.: der neue Bademeister	die neuen Bademeister
G.: des neuen Bademeisters	der neuen Bademeister
D.: dem neuen Bademeister	den neuen Bademeistern
A.: den neuen Bademeister	die neuen Bademeister

Singular	Plural
N.: der alte Badeanzug	die alten Badeanzüge
G.: des alten Badeanzugs	der alten Badeanzüge
D.: dem alten Badeanzug	den alten Badeanzügen
A.: den alten Badeanzug	die alten Badeanzüge

Singular	Plural
N.: die blaue Badehose	die blauen Badehosen
G.: der blauen Badehose	der blauen Badehosen
D.: der blauen Badehose	den blauen Badehosen
A.: die blaue Badehose	die blauen Badehosen

Singular	Plural
N.: das gelbe Handtuch	die gelben Handtücher
G.: des gelben Handtuchs	der gelben Handtücher
D.: dem gelben Handtuch	den gelben Handtüchern
A.: das gelbe Handtuch	die gelben Handtücher

Seite 55

Übung 3

freundlich, freundlicher, am freundlichsten; niedlich, niedlicher, am niedlichsten; klein, kleiner, am kleinsten; dünn, dünner, am dünnsten; dick, dicker, am dicksten; schnell, schneller, am schnellsten; langsam, langsamer, am langsamsten; interessant, interessanter, am interessantesten

Seite 56
Übung 4
die kluge Maus, die klügere Maus, die klügste Maus
ein freundlicher Mann, ein freundlicherer Mann, *der* freundlichste Mann (denn nur einer von allen kann der freundlichste Mann sein!)
der schlaue Hund, der schlauere Hund, der schlauste Hund
ein schneller Schwimmer, ein schnellerer Schwimmer, *der* schnellste Schwimmer (denn nur einer von allen kann der schnellste Schwimmer sein!)

Seite 57
Übung 5
hoch, höher, am höchsten; gut, besser, am besten; nah, näher, am nächsten

Seite 58
Übung 6
ein pfiffiger Schüler – ein pfiffigerer Schüler – ein viel pfiffigerer Schüler
eine schlagfertige Antwort – eine schlagfertigere Antwort – eine viel schlagfertigere Antwort
eine dumme Frage – eine dümmere Frage – eine viel dümmere Frage
ein trauriger Anlass – ein weniger trauriger Anlass – ein gar nicht trauriger Anlass
ein verständnisvoller Lehrer – ein weniger verständnisvoller Lehrer – ein gar nicht verständnisvoller Lehrer
ein vorsichtiger Radfahrer – ein vorsichtigerer Radfahrer – ein viel vorsichtigerer Radfahrer

Seite 59
Übung 7
Mit großer Präzision dreht sich die Erde um ihre eigene Achse.
Positiv, Dativ, Singular, Femininum
Sonnenaufgang und Sonnenuntergang regulieren den hellen Tag und die dunkle Nacht, die wesentlichsten Perioden des menschlichen Tagesablaufs.
Superlativ, Akkusativ, Plural, Femininum
Schwächere Fixsterne sind mit bloßem Auge kaum noch wahrnehmbar.
Komparativ, Akkusativ, Plural, Maskulinum
Auf Sternkarten kannst du veränderliche Sterne sehen, die so genannt werden, weil sie ihre Helligkeit verändern.
Positiv, Akkusativ, Plural, Maskulinum
Den hellsten Fixstern bezeichnet man als „Sirius".
Superlativ, Akkusativ, Singular, Maskulinum

Seite 61
Übung 8
An heißen Sommertagen geht jeder gern ins Schwimmbad. Man ist am besten schon zeitig am Morgen da, um einen schönen, schattigen Platz auf der Wiese zu ergattern. Wenn man Glück hat, bekommt man noch ein Eckchen unter einem der hohen, alten Bäume. Es gibt drei Schwimmbecken: zwei große und ein kleines. Außerdem gibt es noch ein Plantschbecken für ganz kleine Kinder. An schulfreien Tagen ist immer besonders viel Betrieb. Aber das kühle Nass macht doch immer wieder einen riesigen Spaß!

Seite 61

Übung 9

lieb, lieber, am liebsten; groß, größer, am größten; klein, kleiner, am kleinsten; hoch, höher, am höchsten; niedrig, niedriger, am niedrigsten; lang, länger, am längsten; kurz, kürzer, am kürzesten; breit, breiter, am breitesten; tief, tiefer, am tiefsten; alt, älter, am ältesten; jung, jünger, am jüngsten; gut, besser, am besten; schlecht, schlechter, am schlechtesten; schön, schöner, am schönsten; heiß, heißer, am heißesten; warm, wärmer, am wärmsten; kalt, kälter, am kältesten; hässlich, hässlicher, am hässlichsten; modern, moderner, am modernsten; altmodisch, altmodischer, am altmodischsten; weich, weicher, am weichsten; hart, härter, am härtesten; winzig, winziger, am winzigsten; riesig, riesiger, am riesigsten; geheim, geheimer, am geheimsten; klug, klüger, am klügsten; sicher, sicherer, am sichersten; grün, grüner, am grünsten; hell, heller, am hellsten; dunkel, dunkler, am dunkelsten

Seite 62

Übung 10

die langen Winterabende, die warmen Sommernächte, die schönen Nachmittage, die schwierigen Klassenarbeiten, die tollen Träume, die langweiligen Schulstunden, die leichten Aufgaben, die ausdauernden Sportler

Übung 11

Rote Kühe und blaue Schafe grasen auf violetten Wiesen. Die Hunde haben alle entweder gelbes oder schwarzes Fell. Nur einige kleine Hunderassen haben ein schwarz-gelb gestreiftes Fell. Die meisten Grammatikaner wohnen in goldenen Häusern mit kupfernen Dächern. Gold, Silber und Kupfer sind nämlich auf Grammatika gar keine seltenen Metalle und deshalb auch ganz billig.

Das Adverb

Seite 66

Übung 1

Wenn ein Gewitter im Schwimmbad aufzieht, packen alle Leute eilig ihre Sachen zusammen. Sie rennen schnell zu irgendeinem Unterstand. Plötzlich zucken Blitze am dunklen Himmel. Diejenigen, die sich nicht rechtzeitig unterstellen, sind nach kurzer Zeit völlig durchnässt. Gewitter im Hochsommer kommen häufig vor. Meistens sind sie schwer vorhersagbar. Auch der Wetterbericht täuscht sich ziemlich oft. Deshalb verlassen sich manche Leute nicht auf ihn.

Seite 67

Übung 2

wenig, weniger, am wenigsten; oft, öfter, am häufigsten (die Form am öftesten gibt es nicht!); spät, später, am spätesten; viel, mehr, am meisten

Das Pronomen

Seite 72

Übung 1

er – Personalpronomen
dieses – Demonstrativpronomen
das – Relativpronomen
jemand – indefinites Pronomen
mich – Reflexivpronomen
euer – Possessivpronomen
wessen? – Interrogativpronomen

Seite 73

Übung 2

MacCool isst gern **gebrannte Mandeln**.
Er isst sie gern.
Bina und MacCool essen beide gern **Lebkuchenherzen**. Sie essen sie gern.
Bina isst gern **Vanilleeis**. Sie isst es gern.
MacCool isst gern **türkischen Honig**. Er isst ihn gern.
Bina isst gern **Popcorn**. Sie isst es gern.
Bina und MacCool essen beide gern **Schokoladenbananen**. Sie essen sie gern.

Seite 74

Übung 3

Bina hat ihren Mantel vergessen.
Der Lehrer hat sein Buch vergessen.
Binas Mutter hat ihre Tasche vergessen.
Onkel Bilbo hat seinen Schirm vergessen.
Tante Bora hat ihr Taschentuch vergessen.
Binas Nachbar hat seine Handschuhe vergessen.

Übung 4

Ich glaube nicht, denn es macht niemand auf. Obwohl ich dachte, ich hätte jemanden am Fenster gesehen. Nun ja, wenn niemand zu Hause ist, müssen wir eben wieder gehen. Vielleicht ist ja morgen jemand da.

Seite 75

Übung 5

Mit dieser Geisterbahn bin ich schon gefahren.
Mit diesem Autoskooter bin ich schon gefahren.
Mit diesem Riesenrad bin ich schon gefahren.
An dieser Wurfbude habe ich voriges Jahr einen Teddybär gewonnen.
In dieses Kasperletheater gehen wir jedes Jahr.
In dieses Varietee möchte ich heute mit dir gehen.

Abschlusstest zur Deklination

Seite 76

Test 1

1. die großen Bäume
   bei den großen Bäumen
2. der blinde Maulwurf
   für den blinden Maulwurf
3. die kleine Katze
   mit der kleinen Katze
4. das flinke Mäuschen
   über das flinke Mäuschen
5. die kreisenden Bussarde
   unter den kreisenden Bussarden
6. die überfüllte Autobahn
   entlang der überfüllten Autobahn
7. die spielenden Kinder
   zu den spielenden Kindern
8. das piepsende Küken
   vor dem piepsenden Küken
9. der knarrende Schrank
   hinter dem knarrenden Schrank
10. die blühende Wiese
   in der blühenden Wiese

Seite 77

Test 2

1. Seine quietschenden Gelenke müssen geölt werden.
2. Man kann seine Greifzangen nicht mehr öffnen.
3. Bei seinem Alarmknopf muss die Glühlampe ausgewechselt werden.
4. Alle seine Sensoren sollte man überprüfen.
5. In seinem Kopf sind ein paar Schrauben locker!

Seite 78

Test 3

☐ bein Essen	☐ in Garten	☐ aufs Wiese
☐ beis Essen	☒ im Garten	☒ auf der Wiese
☒ beim Essen	☐ ins Garten	☒ auf die Wiese

☒ nach dem 1. Mai	☐ vor der Ferien	☒ ab der 2. Woche
☐ nach den 1. Mai	☒ vor den Ferien	☐ ab die 2. Woche
☒ nach des 1. Mais	☐ vor dem Ferien	☐ ab den 2. Woche

☐ aus silbernem Tellern	☐ unter einen Dach	☒ als kleiner Bub
☒ aus silbernen Tellern	☒ unter einem Dach	☒ als kleinen Buben
☐ aus silberne Teller	☒ unter ein Dach	☒ als kleinem Bub

Test 4

1. Zuerst musst du an einem Flugsimulator üben.
   du: Personalpronomen, Nominativ, 2. Person Singular
2. Dieses Gerät ist gar nicht so einfach in den Griff zu bekommen.
   dieses: Demonstrativpronomen, Nominativ, Singular, Neutrum
3. Du stellst es dir bestimmt leichter vor, als es ist, denn du weißt nicht, wie fürchterlich solch ein Gerät schwankt.
   du: Personalpronomen, Nominativ, 2. Person Singular (2mal)
   dir: Personalpronomen, Dativ, 2. Person Singular
   solch: Demonstrativpronomen, Nominativ, Singular, Neutrum
4. Als ich das erste Mal im Flugsimulator saß, habe ich mich vor Schreck an die Sessellehne geklammert, als es plötzlich losging.
   ich: Personalpronomen, Nominativ, 1. Person Singular (2mal)
   mich: Reflexivpronomen, Akkusativ, 1. Person Singular
   es: Personalpronomen, Nominativ, 3. Person Singular, Neutrum
5. Aber der Bordcomputer, der ja dann auch das eigentliche Fliegen übernimmt, muss nur richtig programmiert werden, damit er sich auf dein Gewicht einstellen kann.
   der: Relativpronomen, Nominativ, 3. Person Singular, Maskulinum
   er: Personalpronomen, Nominativ, 3. Person Singular, Maskulinum
   sich: Reflexivpronomen, Akkusativ, 3. Person Singular
   dein: Possessivpronomen, Akkusativ, Singular, Neutrum
6. Dann hört das Schwanken sofort auf und du fängst an dich an das Gerät zu gewöhnen.
   du: Personalpronomen, Nominativ, 2. Person Singular
   dich: Reflexivpronomen, Akkusativ, 2. Person Singular
7. Was für ein Gefühl das ist, wenn der Bordcomputer nach deiner Programmierung sagt: Operation gelungen?
   was: Interrogativpronomen
   deiner: Possessivpronomen, Genitiv, Singular, Femininum

8. Ein tolles Gefühl, das kann ich dir sagen!
   das: Demonstrativpronomen, Nominativ, Singular, Neutrum
   ich: Personalpronomen, Nominativ, 1. Person Singular
   dir: Personalpronomen, Dativ, 2. Person Singular
9. Aber noch schöner ist es, zum ersten Mal ein richtiges Raumschiff zu fliegen.
   es: Personalpronomen, Nominativ, 3. Person Singular, Neutrum
10. Das kann sich nur vorstellen, wer es selbst erlebt hat.
   das: Demonstrativpronomen, Nominativ, Singular, Neutrum
   sich: Reflexivpronomen, Dativ
   wer: Relativpronomen, Nominativ, Singular, Maskulinum
   es: Personalpronomen, Akkusativ, 3. Person Singular, Neutrum
   selbst: Demonstrativpronomen

Das Verb

Seite 81

Übung 1

Beispiele: leben, sterben, schwimmen, arbeiten, fühlen, ruhen, schmecken, riechen, schreiben, lesen

Seite 82

Übung 2

a) reden, graben, baden, reisen, speisen, kämmen, lernen, bürsten, lügen, nähen
b) segeln, kegeln, regeln, buddeln, betteln, satteln, lümmeln, häkeln, räkeln, radeln
c) füttern, rattern, futtern, hämmern, kontern, kentern, stochern, gluckern, ackern, gackern

Übung 3

laufen, singen, häkeln, tanzen, bekümmern, trällern, malen, tröpfeln, sammeln, kullern, verstümmeln, ändern, schimmeln, schlüpfen, sickern, meckern, fallen, sollen, wimmeln, trommeln, schillern, wimmern, zimmern, rütteln, vermitteln, besudeln, bemerken, wecken, wackeln, wirken, lindern, blinzeln, hecheln

Seite 83

Übung 4

ich klettere, du kletterst, er, sie, es klettert, wir klettern, ihr klettert, sie klettern

Seite 84

Übung 5

graben – du gräbst, schlagen – du schlägst, tragen – du trägst, laufen – du läufst, braten – du brätst, wachsen – du wächst, waschen – du wäschst, raten – du rätst, lassen – du lässt, halten – du hältst

Seite 86

Übung 6

a) Heute sind MacCool und Bina im Zoo. (G)
b) Morgen fahren wir in den Urlaub. (Z)
c) Nächste Woche feiern wir den Geburtstag unseres Großvaters. (Z)
d) Mein Bruder putzt gerade seine Zähne. (G)
e) Ich habe jetzt keine Zeit. (G)
f) Nächstes Jahr ziehen wir in eine andere Stadt. (Z)

Seite 87

Übung 7

a) Die Schlange hing von einem Ast herunter.
b) Das Chamäleon veränderte seine Farbe.
c) Der Frosch sprang in den Teich.
d) Der Waran zeigte seine Zungenspitze.
e) Die Riesenschildkröte ließ sich den Hals kraulen.
f) Die Smaragdeidechse fing eine Fliege.

Seite 89

Übung 8

a) Die Elefanten sind eilig hereingelaufen.
b) Sie sind schon sehr hungrig gewesen.
c) Aber zuerst haben sie gebadet.
d) Dann hat der Tierpfleger ihnen ihr Futter gegeben.
e) Sie haben große Mengen Heu, Brot und Äpfel bekommen.

Seite 90

Übung 9

a) Das große Walross hatte seinen Lieblingsplatz auf dem Felsen sofort verlassen, als es den Tierpfleger mit einem Eimer voller Fische kommen sah.
b) Das Walross bekam sein Futter, nachdem der Tierpfleger den anderen Robben auch ihre Fischration gegeben hatte.
c) Ein Seelöwe hatte ein Kunststück vorgeführt und einen Fisch dafür bekommen.
d) Die Seelöwen hatten es geschafft Ringe aufzufangen und bekamen Beifall dafür.
e) Als alle Fische verfüttert worden waren, ging der Tierpfleger wieder fort.
f) Nachdem der Tierpfleger wieder fortgegangen war, gingen Bina und MacCool weiter.

Seite 92

Übung 10

a) Wir werden die Tiger besuchen.
b) Bestimmt wird eine große Menschenmenge vor dem schwarzen Jaguar stehen.
c) Die Leoparden werden auf ihren Hängebrettern liegen.
d) Der Luchs wird wieder am Gitter auf und ab gehen.
e) Der Wärter wird gerade die Geparden füttern.
f) Nächsten Monat wird der Zoo sogar einen Schneeleoparden bekommen.

Seite 94

Übung 11

a) Die Flughunde werden sie mit ihren schrillen Schreien erschreckt haben.
b) Das Buschbaby wird sie mit seinen großen Augen angesehen haben.
c) Sie werden die großen Ohren des Wüstenfuchses bewundert haben.
d) Sie werden erlebt haben, wie sich die Flughörnchen von Ast zu Ast schwingen.
e) Die seltsame Atmosphäre des Nachttierhauses wird sie beeindruckt haben.
f) Wenn sie das Nachttierhaus verlassen haben werden, wird es einige Zeit dauern, bis sich ihre Augen wieder ans Tageslicht gewöhnen.

Seite 97

Übung 12

a) Der Bison beschädigte den Zaun.
b) Der Tierpfleger wird jetzt auch bald die Bären füttern.
c) Die Silbermöwe fischt das Stück Brot aus dem Wasser.
d) Den kleinen Pavian ärgert sein noch kleinerer Bruder.
e) Die Erdmännchen schleppten eine Sonnenbrille in die Höhle.
f) Das Chamäleon wird gleich die Fliege fangen.

Seite 98

Übung 13

					4 E						2 V	
					I				3 G		E	
					N				E		R	
					6 G	E	1 G	E	S	S	E	N
					E	■	E	■	E	■	H	
					W	■	5 G	E	H	Ö	R	T
					E	■	E	■	E		T	
7 V	E	R	T	R	I	E	B	E	N			
					C		E					
					H		N					
					T							

Seite 99

Übung 14

a) die Gegenwart – Präsens
b) die einfache Vergangenheit – Präteritum
c) die Vorvergangenheit – Plusquamperfekt
d) die vollendete Vergangenheit – Perfekt
e) die Zukunft – Futur
f) Vergangenheit in der Zukunft – Futur zwei
g) die Beugung der Verbformen – Konjugation
h) die Tatform – Aktiv
i) die Leideform – Passiv

Seite 100

Übung 15

Verbform (Präsens)	Bestimmung der Form	Infinitiv
ich höre	1. Person Singular	hören
sie sieht	3. Person Singular	sehen
du willst	2. Person Singular	wollen
ihr kommt	2. Person Plural	kommen
wir gehen	1. Person Plural	gehen
es regnet	3. Person Singular	regnen
sie können	3. Person Plural	können
ich bin	1. Person Singular	sein
du hast	2. Person Singular	haben
ihr singt	2. Person Plural	singen

Seite 101

Übung 16

Bestimmung der Verbform und ihr Infinitiv	Verbform (Präsens)
1. Person Plural von *schreien*	ich schreie
2. Person Singular von *rennen*	du rennst
3. Person Plural von *sammeln*	sie sammeln
3. Person Singular von *steuern*	sie steuert
1. Person Singular von *malen*	ich male
3. Person Singular von *schneien*	es schneit
3. Person Plural von *bellen*	sie bellen
2. Person Plural von *tanzen*	ihr tanzt
1. Person Plural von *lachen*	wir lachen
2. Person Singular von *hämmern*	du hämmerst
3. Person Singular von *beißen*	er beißt

Seite 102

Übung 17

Beispielsatz	Aktiv	Passiv
Er wurde befördert.		x
Sie werden nach Hause gefahren.		x
Sie hat ganz laut gelacht.	x	
Ihr wolltet doch aufräumen!	x	
Der Sand wurde zusammengekehrt.		x
Bina war auf der Erde gelandet.	x	
Das Wetter wurde anders vorhergesagt.		x
Mein Geschwisterchen wird nächste Woche geboren werden.		x
MacCool wird oft von Bina überrascht.		x
Wir fahren gern mit dem Bus.	x	

Abschlusstest zur Konjugation

Seite 112

Test 1

Man <u>isst</u> nur Fleisch aus dem Replikator, deshalb <u>braucht</u> man keine Tiere zu schlachten. Dieses „künstliche" Fleisch <u>schmeckt</u> sehr gut und <u>hat</u> auch sehr viele Vitamine. Man <u>schläft</u> in Schwebebetten, in denen man sich nachts vollkommen <u>entspannt.</u> Die Hausarbeit <u>erledigt</u> überall ein Roboter.

Seite 113

Test 2

Auf Grammatika **gingen** die Kinder gern zur Schule. Der allerschönste Beruf für einen Grammatikaner **war** nämlich der eines Sprachforschers. Deshalb **wollten** die meisten Kinder später einmal, wenn sie erwachsen **waren**, am liebsten Sprachforscher werden. So ein Sprachforscher **musste** aber sehr viel wissen. Deshalb **strengten** sich die meisten grammatikanischen Kinder sehr in der Schule an und **versuchten**, so viel wie möglich zu lernen. Aber auf Grammatika **machte** die Schule auch Spaß. Die Schüler **lernten** in kleinen Gruppen von höchstens fünf Kindern und **machten** ganz viele Sprachspiele. So **verging** die Zeit in der Schule wie im Flug, und es **kam** eigentlich nie vor, dass sich jemand in der Schule **langweilte**, obwohl auf Grammatika jeden Tag nachmittags Unterricht **war**. Aber dafür **gab** es auch niemals Hausaufgaben. Außerdem **waren** die Nachmittage das Schönste an der Schule, denn da **machten** die Lehrer mit den Schülern fast jeden Tag Ausflüge in die Umgebung. Jedesmal **konnte** man dabei Spannendes und Neues entdecken, denn jeder Ausflug **war** ein richtiges Abenteuer.

Seite 114

Test 3

Grammatika **war** ein sehr kleiner Planet. Er **war** so klein, dass er fast vierzigmal in die Erde **passte**. Der Himmel **war** auf Grammatika nicht blau mit weißen Wolken wie hier auf der Erde, sondern lila mit kleinen rosa Wölkchen. Das Wetter **war** sehr gleichmäßig, das heißt, es **gab** keinen Winter und keinen Sommer. Die Temperaturen **waren** fast immer so wie auf der Erde im Mai. Nur ganz selten **gab** es Stürme. Die **waren** dann aber immer sehr heftig, sodass kaum jemand während eines solchen Sturms draußen **herumlief**.

Test 4

Alle **werden kommen** um mich zu empfangen. Meine Freunde **werden sich freuen**, dass ich wieder da bin. Wir **werden** ein großes Fest **feiern**. Ich **werde** alle **besuchen**, die mich gern haben und **werde** ihnen **erzählen**, was ich auf der Erde erlebt habe. Jeder **wird gespannt sein**, wie ihr hier lebt und welche Sprache ihr sprecht. Dann **werde** ich ins Sprachforschungslabor **gehen**. Hier **werden** wir zusammen meine Forschungsergebnisse **auswerten**. Alle **werden gespannt sein**, was dabei herauskommt.

Seite 115

Test 5

Das Mittag- und das Abendessen wird jeden Tag von ihm gekocht.
Der Staub wird von ihm von den Möbeln gewischt.
Binas Kleider werden von ihm gewaschen.
Das Geschirr wird von ihm in die Spülmaschine geräumt.
Binas Bett wird von ihm gemacht.
Bina wird von ihm jeden Abend eine Einschlafgeschichte vorgelesen.

Das Partizip

Seite 119

Übung 1

Beispiele:
lebend, singend, schonend, lesend, schreibend, gefunden, gefällt, gesunken, versilbert, vergessen

Seite 120

Übung 2

Nominativ:	das geschlüpfte Küken
Genitiv:	des geschlüpften Kükens
Dativ:	dem geschlüpften Küken
Akkusativ:	das geschlüpfte Küken
Nominativ:	die verletzte Pfote
Genitiv:	der verletzten Pfote
Dativ:	der verletzten Pfote
Akkusativ:	die verletzte Pfote
Nominativ:	der brüllende Löwe
Genitiv:	des brüllenden Löwen
Dativ:	dem brüllenden Löwen
Akkusativ:	den brüllenden Löwen

Die Konjunktion

Seite 125

Übung

1. MacCool hat gesagt, dass ihm die Kekse gut schmecken.
2. Wir können nicht ins Freibad gehen, weil es regnet.
3. Pack dein Buch schon mal ein, damit du es nicht vergisst.
4. Es gibt zwei Möglichkeiten: Entweder fahren wir nach Italien in Urlaub oder wir bleiben zu Hause.
5. Am besten versuchst du die Übung zuerst einmal, ohne hinten im Lösungsteil nachzusehen.
6. Bina hatte Hunger wie ein Wolf.
7. Die Augen sind oft größer als der Magen.
8. Je länger ich über diese Sache nachdenke, desto unsicherer werde ich.
9. Da Sarah schon über zwölf Jahre alt war, durfte sie am Ausflug teilnehmen.

Abschlusstest zu den Wortarten

Seite 126

1. Was ist ein Substantiv?
   Ein Substantiv ist
   - ein Namenwort. ☒
   - ein Wiewort. ☐
   - ein kurzer Satz. ☐
2. In welchem Fall steht das hervorgehobene Wort: Ich gebe **dir** die Hand.
   Das hervorgehobene Wort steht
   - im Genitiv. ☐
   - im Dativ. ☒
   - im Akkusativ. ☐
3. Plural ist ein anderes Wort für
   - Mehrzahl. ☒
   - Einzahl. ☐
   - Wer-Fall. ☐
4. In welchem Satz gibt es ein Interrogativpronomen?
   - Ich streichle den Elefanten. ☐
   - Niemand hat meine Freunde gesehen. ☐
   - Wer hat nach mir gefragt? ☒

5. In welcher Zeitform steht das folgende Verb: Ich hatte gelesen.
   Es handelt sich hier um
   - das Präteritum. ☐
   - das Plusquamperfekt. ☒
   - das Perfekt. ☐
6. Was ist ein Superlativ?
   Ein Superlativ ist
   - die höchste Steigerungsform des Adjektivs. ☒
   - die Mehrzahl. ☐
   - eine Verbform. ☐
7. Welcher Fall wird von der Präposition „mit" regiert?
   Es ist
   - der Nominativ. ☐
   - der Akkusativ. ☐
   - der Dativ. ☒
8. Um welche Wortart handelt es sich bei dem Wort „beliebt"?
   Es handelt sich hier um
   - ein Substantiv. ☐
   - ein Verb. ☐
   - ein Partizip Perfekt. ☒

9. Wenn man das Adjektiv „tapfer" substantiviert, erhält man das Wort
   - tapferer. ☐
   - tapferem. ☐
   - der Tapfere. ☒
10. Unter den folgenden Pluralformen ist eine falsch. Kreuze sie an.
   - der Ringe ☐
   - die Büchern ☒
   - die Fische ☐
11. Die Deklination ist
   - die Möglichkeitsform eines Verbs. ☐
   - eine Steigerungsform des Adjektivs. ☐
   - die Beugung eines Substantivs. ☒
12. **Gestern** ging ich erst spät nach Hause. Handelt es sich bei dem hervorgehobenen Wort um
   - ein Adjektiv, ☐
   - ein Adverb ☒
   - oder ein Verb? ☐
13. In welchem Fall steht der hervorgehobene Ausdruck: Das ist die Tasche **meines Vaters**.
   Der hervorgehobene Ausdruck steht
   - im Nominativ. ☐
   - im Akkusativ. ☐
   - im Genitiv. ☒
14. Beim Passiv handelt es sich um
   - die Möglichkeitsform des Verbs. ☐
   - die Einzahl. ☐
   - die Leideform des Verbs. ☒
15. Die Konjugation ist
   - eine Steigerungsform des Adjektivs. ☐
   - die Beugung des Verbs. ☒
   - die Beugung des Substantivs. ☐
16. Der Satz: „Ich werde ihn morgen sehen" steht
   - im Futur I. ☒
   - im Perfekt. ☐
   - im Präsens. ☐
17. Die Komparation ist
   - die Steigerung des Adjektivs. ☒
   - die Vergangenheitsform des Verbs. ☐
   - die Beugung des Verbs. ☐
18. Verben kann man
   - deklinieren. ☐
   - konjugieren. ☒
   - steigern. ☐
19. Bei welchem der folgenden Wörter handelt es sich um eine Konjunktion:
   - und ☒
   - bei ☐
   - selten ☐
20. Wenn man den Satz „Ich höre dich" ins Plusquamperfekt setzt, erhält man:
   - Ich werde dich hören. ☐
   - Ich hatte dich gehört. ☒
   - Ich habe dich gehört. ☐

Titellizenz durch: Schülerhilfe – Gesellschaft für Nachhilfeunterricht mbH
www.Schuelerhilfe.com

Der Text dieses Buches entspricht den Regeln der neuen deutschen Rechtschreibung.

www. tandem-verlag. de

Gesamtherstellung: Tandem Verlag GmbH, Königswinter